谨以此书

献给谢希德先生百年诞辰

希贤立德

谢希德画传

焦扬　许宁生　主编

復旦大學出版社

主　　编　焦　扬　许宁生
副 主 编　周亚明
执行主编　曹惟正　黄岸青
审　　校　钱益民　丁士华
统　　筹　周　律
撰　　稿　刘晓旭
图片支持　陈启明　王晴璐　王建平　庄　璋
编　　务　孟　瑶　慕　梁

目　录

CONTENTS

求学生涯

1921—1951

国家在剧变中，人类的历史正在重写，中国的前途有待于这辈青年的努力。人事的调整，重工业的建设及废墟的重建，都需要国民日常生活的彻底科学化。自己不能领导时代，却愿意做推进时代的一个小齿轮。

——谢希德 一九四二年

谢家有女

故乡

1921 年 3 月 19 日，谢希德出生于福建泉州。父亲谢玉铭是我国著名物理学家、教育家。谢玉铭 1917 年从协和大学（后与几所大学合并，取名燕京大学）毕业后，与郭瑜谨结婚。谢希德出生后不久，谢玉铭应燕京大学聘请，赴北平（今北京）工作。1923 年，谢玉铭赴美留学，同年，谢希德生母郭瑜谨进入厦门大学读书。谢希德童年的大部分时光，是在老家同祖母一起度过的。1925 年，郭瑜谨病逝，谢希德年仅 4 岁。一年后，先后在哥伦比亚大学和芝加哥大学获得硕士、博士学位的谢玉铭学成归国，回到故乡与母亲、女儿团聚，不久应邀赴北平燕京大学物理系执教。在燕京大学，谢玉铭结识了当时在数学系四年级读书的张舜英，张舜英后来成了谢希德的继母，年幼的谢希德从此又多了一个关爱她的亲人。

1927 年，6 岁的谢希德随祖母迁居北平，住进燕京大学东大地（即后来的燕东园）。谈及父亲，谢希德说："他早年的求学经历和治学精神对我幼年时的学习成长影响很深。父亲常有言道，'中国需要科学'，这句话自幼年起就时时激励我，在我心灵深处早早地植下了为振兴中华而学习的责任感。"幼年谢希德没有很多玩具，最吸引她的地方是父亲的书房，那些她尚看不懂的英文物理书籍，引起了她对英文和物理最原始的兴趣。父亲每天晚上都要在书房工作到深夜，给谢希德留下了深刻印象，她经常听父亲谈起物理系的几个高材生（尤其是几位女生），这让谢希德从小就树立起女性也可以学好物理的信念。

父亲谢玉铭和生母郭瑜谨

1 | 3
2 |

1&2 幼年谢希德

3 童年谢希德（中）和郭瑜谨（右1）

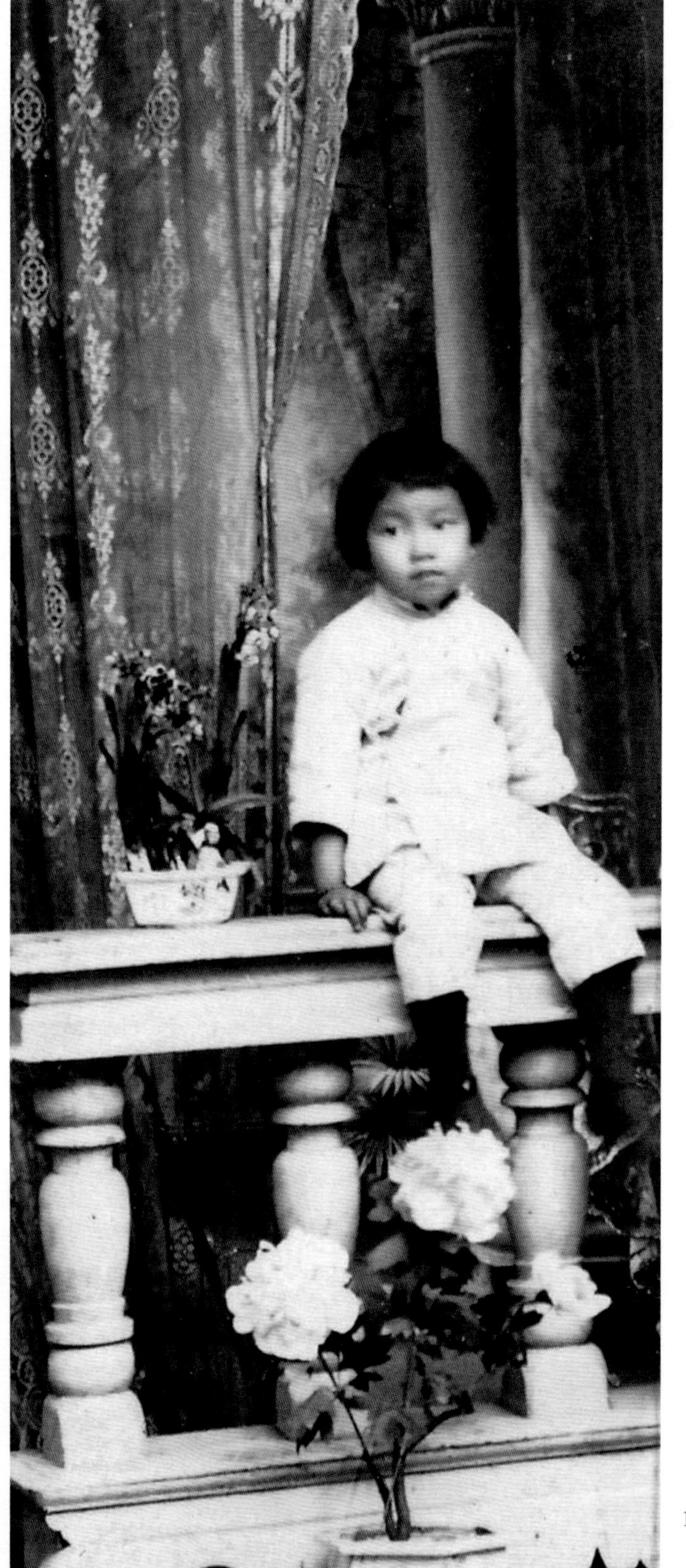

1 1925年，谢希德和生母郭瑜谨在泉州

2 1929年9月4日，谢希德看着继母张舜英怀中的弟弟谢希文

3 童年谢希德

1	2
3	4	5

1 谢希德和祖母在北京天坛

2 1957 年 7 月，谢希德的祖母在北京过世，谢希德和母亲、谢希文夫妇在墓地给她送行

3 谢希德在《春芽月刊》1932 年创刊号上发表的文章《奋勇的义勇军》

4 谢希德在《春芽月刊》1932 年第 2 期上发表的文章《丫头的哭声》

5 谢希德在《曙光季刊》（北京）1931 年第 1 期上发表的诗歌《早起》

奮勇的義勇軍　謝希德

義勇軍！義勇軍！你拿你的生命和熱血來救國，我們怎樣來報你呢？

在暴日威脅之下來奮鬥！我想只有要不買日貨，努力讀書！

我思想中的日本爲甚麼攻上海　張迺嶸

流水　王如英

「流水！流水！

秋晨　陸卓如

朝陽照在窗上，一線線的向上移，大地已在清晨的懷抱中。這時的我剛從夢中醒來；一見東方的晨光，非常鮮艷。便趕忙穿起衣服，到院中去領略這大自然的美麗。院中的涼風，一陣陣的吹得我精神一爽。樹上，草上，

丫頭的哭聲　謝希德

我正低頭在書桌上作我明天要交的算術。忽然聽到了『哇哇……』的一陣哭聲，仔細一聽，原來是隔壁鄰居的丫頭又挨打了！

我聽到了這次的哭聲，便聯想到暑假的一天。那時正是炎熱的夏天，她的主婦叫她去看孩子，偶然不小心，碰了那個小孩一下。他便哭起來了。主婦聽到了小孩的哭聲，便連忙跑了出來，拿起皮帶，向着她的身上抽。抽得她渾身青腫，口裏還不住的罵着『賤骨頭！不作事，只會吃飯！』

這一腔不平的氣，直到現在還充滿在我的腦海裏。

農夫苦！農夫苦！
所收的五穀，
統共不夠納地租。

農夫苦！農夫苦！
一年忙到頭，
粗茶淡飯難果腹。

農夫苦！農夫苦！
地租交不出，
送到縣裏坐囹圄。

早出晚歸去掙錢；
警察不知車夫苦？
月月催捐不稍延。

洋車夫　小六譚振飛

「要車不要」？
「拉你到老爺廟」！
三步兩步走，
「別的都不要；
只要你的一張銅子票」，

早起　小六謝希德

聽雞啼，快快起；
早上起來空氣好，
吃飯吃得飽又飽，

農夫　小六王如英

農夫苦，苦無邊；
半夜三更去種田。
地主不曉農夫苦，
月月田租催甚嚴。
農夫沒有錢，
叫苦連天，
叫可憐！可憐！

公雞　小五陳素秋

公雞今天叫得特別早，

曙光季刊　三五

辗转求学

11 岁那年，谢希德由燕京大学附小直升入燕京大学附中。在这里，谢希德结识了比她大一岁的同班同学，也是她后来的“另一半”——曹天钦。1933 年，读完初中一年级后，谢希德转学到位于城内的贝满女中。

贝满女中创建于 1864 年，是教会办的学校，历史悠久。校园环境优美，设备齐全，校规、校风严谨，教师授业精心。在贝满四年的学习生活，不仅打下了谢希德坚实的文化基础，也造就了她“敬业乐群”的品质，“我对于母校贝满给予我的教育，永远铭记在心。我常怀念那些对我们既严格要求、又和蔼可亲的师长们。频繁的突击式的小测验，督促我们养成了经常复习功课的好习惯，所学到的知识，对后来的成长起了很大的作用”。

谢希德并非“两耳不闻窗外事”的“书呆子”，时代的沧桑、民族的忧患，时时萦绕在她心间。当她走在大街上，看到店铺里尽是外国货；打开地图，满眼都是外国租界时，就想：祖国为何如此贫穷，任人宰割？中华民族何时才能振兴、富强？

1937 年 7 月 7 日，卢沟桥的炮声响了，日寇开始大举进犯华北、中原一带，谢玉铭决定带领全家南下，一同到武汉的谢希德外祖母家。7 月 28 日，北平沦陷，谢玉铭决定不再回燕京大学，而是应邀到湖南大学任教。当年秋，谢希德进入武汉圣西理达女中读高三。不久，南京沦陷，武汉危急，谢希德与继母、弟弟们移居长沙，与在湖南大学执教的父亲团聚。1938 年，谢希德转入长沙福湘女中，以全班第一的优异成绩毕业。

颠沛流离的中学生活，使谢希德强烈感到，没有一个强盛的祖国，就不会有安定的生活。

1&2&3 谢希德在北京燕东园家院子中

4 中学时代，谢希德在燕京大学燕园

1	2
	3

1 1934年2月寒假，谢希德送给贝满女中同学全赓珍的照片（全赓珍后与谢希德舅舅结婚）

2 1934年6月6日，贝满同学合影，谢希德（右）、全赓珍（中）

3 1935年夏，贝满女中苏簡亭、萧梅芬、谢希德、苏兆孙、孙幼云合影（从右至左）

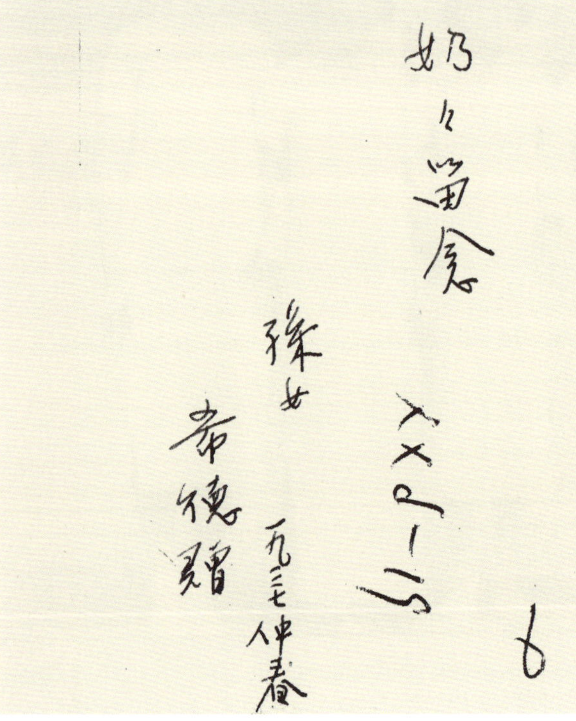

1 | 2

1 1937 年 3 月，谢希德送给奶奶的照片

2 1937 年，谢玉铭全家福（摄于燕东园 42 号）

1 | 2

1 谢希德照看三个弟弟

2 谢希德与父母及大弟、二弟

谢希德（后排左 4）和福湘女中同学合影

1 谢希德湖南福湘女中毕业照

2 1938 年，曹天钦高中母校毕业班编撰的《育英学校年刊》封面

3《育英学校年刊》上刊登的曹天钦获奖照片

4《育英学校年刊》刊登的曹天钦（下）照片

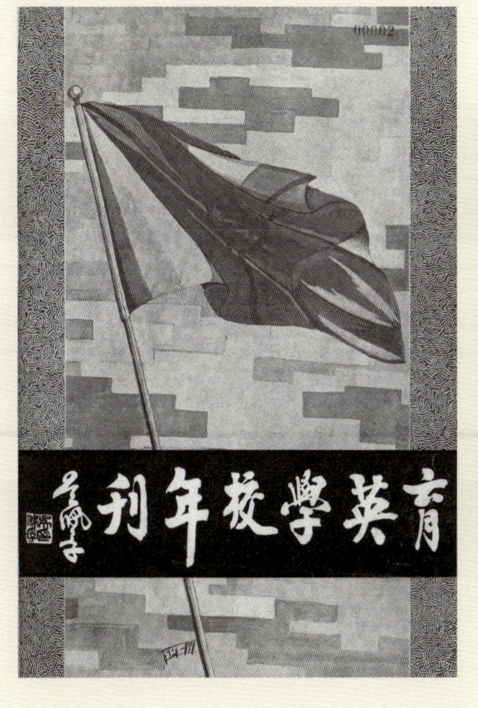

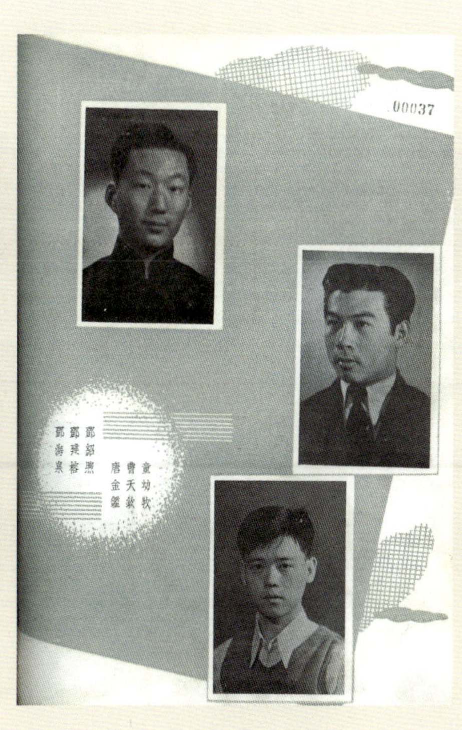

病榻生活

1938 年 9 月，谢希德第一次参加高考。由于父亲在湖南大学教书，为了便于照应，她报考了湖南大学数学系，以优异成绩被录取。不幸的是，此时她已出现股关节结核症状，腿部疼痛一天天加剧。10 月，长沙告急，谢希德一家再次逃难到贵阳。

战乱与疾病，使谢希德深陷苦闷：“抗战的烽火使我怀着留恋的心情离开了北平，经过黄河及长江冲积的大平原，古云梦泽的遗迹，最后，因病蛰居在云贵高原的小县城。欣赏过大自然的雄伟，热爱着祖国的原野，但也受着病魔的纠缠和失学的痛苦。”

城市供应紧张、空袭警报常常响起，并未浇灭卧病在床的谢希德强烈的学习渴望。她虽然没能系统阅读她喜欢的科学书籍，却阅读了大量历史小说和时政类杂志，促使她更加关注国家前途和民族命运。同时，她在阅读英文小说时，日积月累，英文水平突飞猛进。谈及往事，谢希德笑道：“塞翁失马，安知非福。这四年卧床，我的知识面扩大了不少，我高中毕业时才 17 岁，是全班最小的，但到了大学毕业已经 25 岁了，是全班年龄比较大的了。”

谢希德卧病期间，已经进入燕京大学学习的曹天钦频频来信，嘘寒问暖，同时畅谈以化学工业救国的理想。友谊与热情，让两个年轻人产生强烈共鸣。

1942 年夏，谢希德再次报考大学，这次报考的是离贵阳较近、西迁至湄潭的浙江大学。她虽然以全校第三名的优异成绩被浙江大学物理系录取，但父亲不同意她一个人去浙江大学读书，坚持要她随全家去厦门大学。谢希德不得不放弃这次入学机会，随家人一起迁至闽西山城长汀。

到达长汀时，统考时间已过，因战乱时期情况特殊，谢希德被允许跟班上课。一个月后，谢希德通过了厦门大学为迟到者举行的入学考试，转为正式学生。

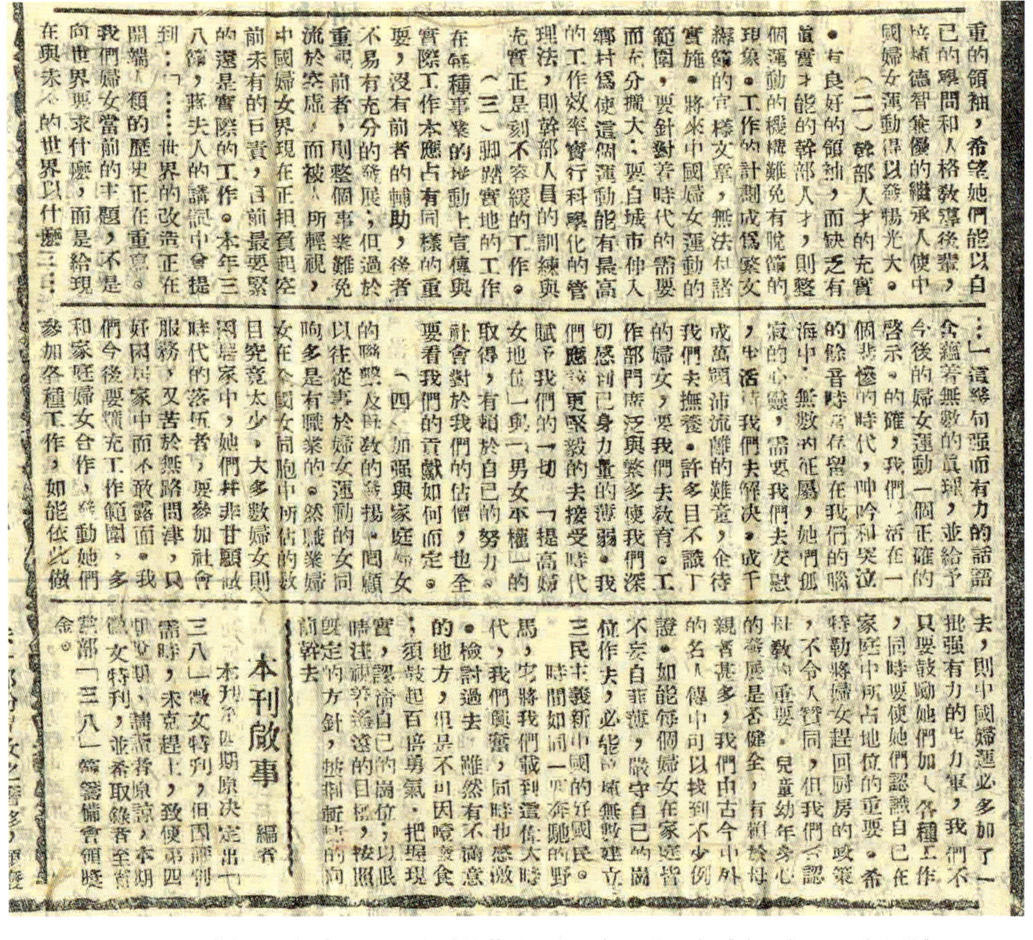

本刊啟事

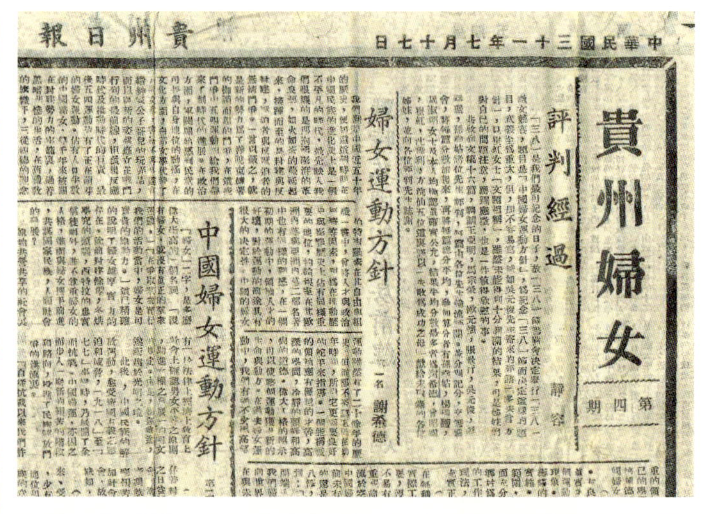

貴州日報

中華民國三十一年七月十七日

貴州婦女

第四期

評判經過

婦女運動方針

中國婦女運動方針

謝希德

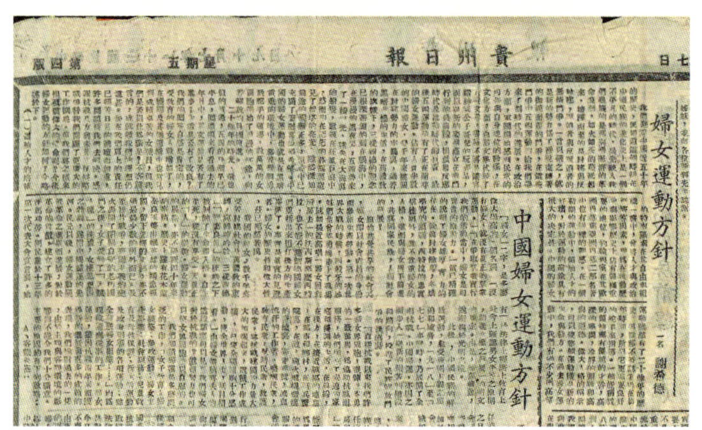

貴州日報

婦女運動方針

中國婦女運動方針

1942 年 7 月 17 日，《贵阳日报 》刊登的谢希德获第一名的妇女节征文《中国妇女运动方针》

乳白魚肝油

材料：— 純魚肝油⅓至½磅　西黄蓍膠（即膠黄蓍樹膠粉）(Tragacanth) 6 gm
水 約½磅　杏仁油或薄荷油數滴

作法：— 先倒半茶杯魚肝油於大磁碗内，再加入膠粉，用筷子或瓷湯匙攪攪匀。（木匙更好）。再加入⅓杯水立刻攪匀，成膠糊狀。（如水加过多則太稀，过少則易成硬塊）以後再加一湯匙油，攪匀，再加同量水，攪，至成約一磅的白魚肝油為止。杏仁油或薄荷油於快作完加入。（如同薄荷油不可加太多。若此二種香料不易得，可用橘子汁或橙子汁和一匙白糖代替。但杏仁油最佳，易去腥味）。

抄自中文某化學工業叢書

麥精魚肝油

Malt extract	麥芽浸膏	375.0
Cod liver oil	魚肝油	500.0

在水浴上攪拌均匀後，移開，仍不絶攪拌，俟稍冷，加

Spirit chloroform	氯仿酒精	30.0
Alcoholic benzoic acid solution 10%	百分之十酒精製安息香酸液	10.0
Spirit peppermint	薄荷酒精	10.0
Orange flower water concentrated 1-40.	橙花濃水	25.0

攪拌至冷為度

乳白魚肝油

Cod liver oil	魚肝油	400.0
Gum arabic powder	亞拉伯樹膠粉	10.0
Gum tragacanth powder	膠黄蓍樹膠粉	10.0
Sodium hypophosphite	次磷酸鈉	6.0
Calcium hypophosphite	次磷酸鈣	13.0
Saccharine soluble	可溶性甜精	0.2
Spirit chloroform	氯仿酒精	30.0
Glycerin	甘油	75.0
Tincture benzoin	安息香酊	4.0
Essence lemon	檸檬香精	15滴
Essence orange	橘子香精	15滴
Wintergreen oil	冬綠油	40滴
Bitter almond oil	苦杏仁油	20滴
Coumarin	香豆素	0.8
Water	水　加至全量	1000.0

先將亞拉伯樹膠粉及膠黄蓍樹膠粉，用水175.0研成漿狀，徐徐加入魚肝油，隨加隨研，至成均等乳脂狀。另將鈉鹽及鈣鹽、甜精及甘油研和，加入上液中，然後加已溶入香豆素之氯仿精酒、安息香酊及香料之混合液，最後加水至1000.0。

1	2
	3

1 1938 年春天，谢希德于湖南湘雅医院留影

2&3 谢希德在贵阳住院期间，谢希德父母为了帮助她恢复体力而准备的配方

战火纷飞的岁月

在厦门大学

战乱时期，货币贬值，长汀物价一日三涨，日常生活十分困苦。学校办学条件十分简陋，虽有发电设备，但只能供应有限场所的照明，学生在宿舍里要靠浸在菜油中的灯芯的亮光看书。在菜油都紧张的时候，还点过桐油灯，一晚上下来，鼻孔全被油烟熏黑。做化学实验连煤气都没用过；做物理实验时，示波器整个系才一台。

日军飞机经常空袭长汀。每当空袭警报响起，厦门大学师生不得不尽快疏散到防空洞中，以躲避炸弹的袭击。

虽然经济困难，战事频繁，但厦门大学在萨本栋校长主持下，恪守"止于至善"的校训，严谨治学，严格贯彻优胜劣汰的方针、扎扎实实地施教育人。萨本栋作为一校之长，肩负繁重的行政重担。为了克服师资不足的难题，他亲自教授机电系的多门课程以及基础课"微积分"。萨校长患有胃病，严重时弯着腰还坚持到讲堂上课，学生们深受感动。他那种热心教育事业的忘我精神，使谢希德终生难忘。谢希德与萨校长一家终生保持着深厚的友谊。

国家正在剧变，历史正在重写。谢希德愈发意识到，中国的前途有待于掌握科学的青年的努力，战后工业的建设、废墟的重建，都需要在日常生活中应用科学。谢希德获得奖励优秀学生的嘉庚奖学金，打下了自然科学的坚实基础。她已经做好了投身国家建设，做"推动时代的一个小齿轮"的准备。

1944 年夏，曹天钦从燕京大学毕业。当时的燕京大学由于战乱，西迁到了成都。曹天钦毕业后即受中英科学合作馆李约瑟博士的邀请，赴重庆工作。李约瑟（Needham，1900—1995）是英国著名的生物化学家、科学技术史专家，其《中国科学技术史》对中国文化、科技进行了极为重要的研究，引发了世界各界关注和讨论，对现代中西文化交流影响深远。在向别人介绍曹天钦时，李约瑟总说"这是我的秘书"。1946 年春，经李约瑟推荐，曹天钦获得英国文化委员会奖学金，准备赴英国剑桥大学留学。曹天钦的父亲曹敬盘曾执教于燕京大学化学系，与谢玉铭是同事。出国前，曹天钦辗转来到长汀看望谢希德，双方父母认为曹天钦这一走，二人可能要分别数年，最好先行订婚。于是，两位青梅竹马、志同道合的青年就在福建长汀订了婚。

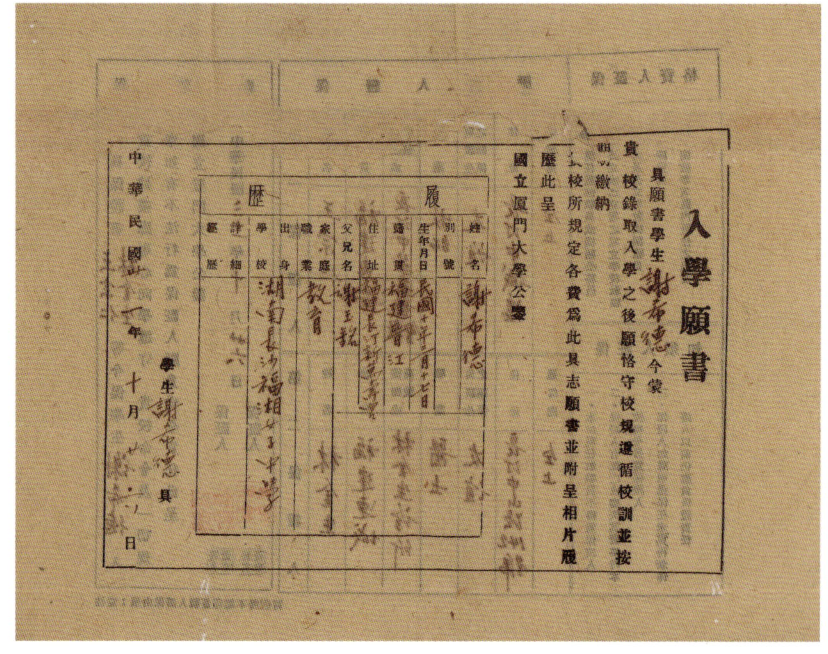

入學願書

具願書學生謝希德今蒙
貴校錄取入學之後願恪守校規遵循校訓並按期繳納
貴校所規定各費為此具志願書並附呈相片履歷此呈
國立厦門大學公鑒

履歷

姓名	別號	生年月日	籍貫	住址	父兄名	家庭職業	出身	學校	詳細經歷
謝希德		民國十年三月十七日	福建晉江	福建長汀新[illegible]	謝玉銘	教育		湖南長沙福湘女子中學	

中華民國三十一年十月 日

學生謝希德具

国立厦门大学入学志愿书

學號1727 姓名謝希德 國立厦門大學學生自傳

自傳要點

一、家庭狀況（環境，人口，職業，經濟及其他）
二、經歷回顧（對自身作一個性分析列舉過去優點弱點及今後努力之方向）
三、對何種學科最感興趣，最有心得，或最感困難，原因爲何？
四、常閱讀何種書籍雜誌？
五、對國內政治社會各方面之感想，與所崇拜之人物？
六、爲何就學本校，將來志願爲何？
七、人生觀及其他。
注意：字體須端正，不得潦草或塗污，並不得用鉛筆，用紙不敷時，可向訓導處領取。

自傳

年 月 日（共 頁）

對於我誕生及住過六個寒暑的福建晉江，在腦海中只有極模糊的印象，這些印象大多是由大人的談話中遠析過的。雖然童年的生活可以影響一個人的個性，但我很難說出那幾年的經歷對於決定我的個性發展上有什麼重要的因素，只是在混混噩噩中渡過了六年。

六歲時去到北平，由一個僻居閩南的小縣經過許多省份去到曾作過多年國都的古城，這裏的一切都是新穎的，見聞增加了不少。在故都住了十年，這不是一個太短的時間，尤其在一個切望着快些加入大人隊伍的孩子眼光中，十年確是冗長的。在那些歲月中，我過着平穩的生活，因為父親的職業，我們居住在燕京大學校園內，呼吸着很濃厚的讀書空氣。家中人口雖然漸增到七人，但在物價低落的戰前，經濟方面並未感到過分窘迫。在這安謐的環境中我完成了小學及中學五年的學業。

天真性格與平穩的環境實有不可分性，在北平我所在的那種環境中很難培養出早具有社會意識的孩子。但在現在我國的社會中，這樣的孩子走到社會上要重新適應，有時甚至還要遇到折磨與阻礙。抗戰改變了各部門的機構，流浪的生活使許多孩子都早熟了。這是他

訓導處製

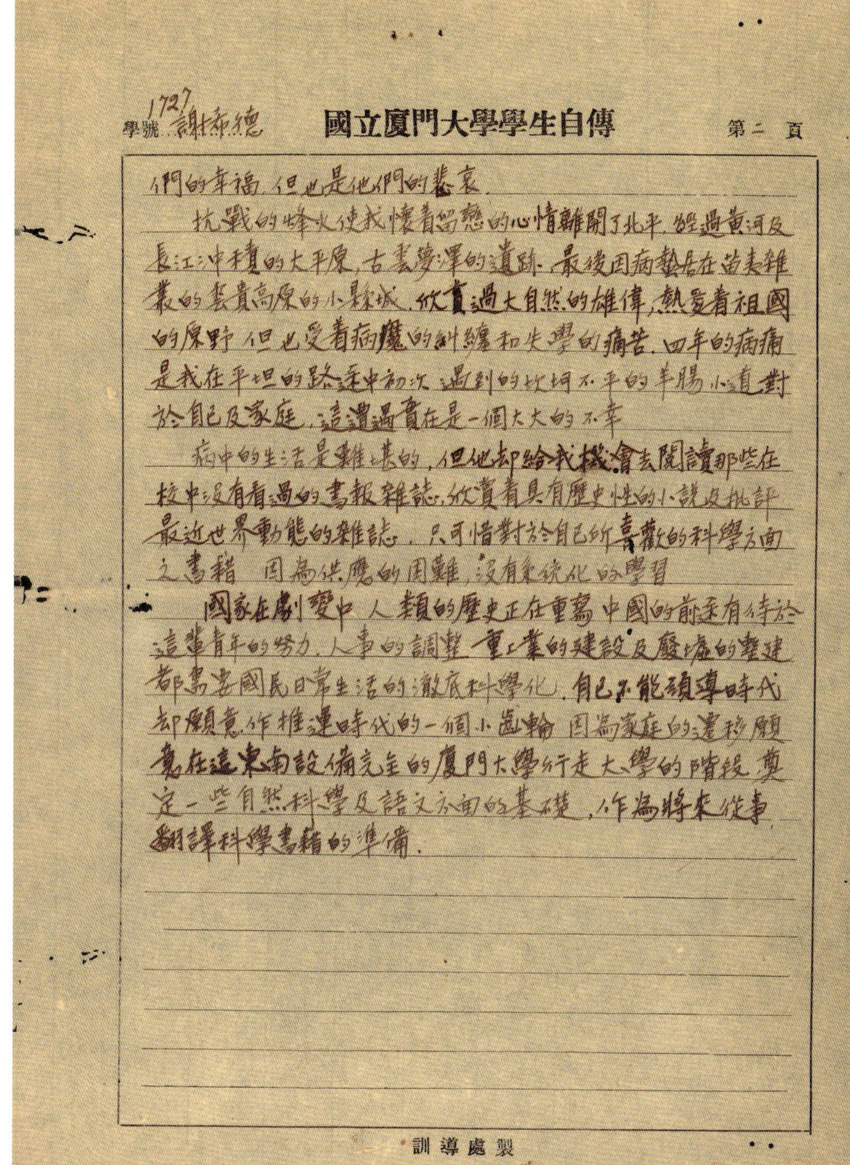

學號1727 謝希德 國立厦門大學學生自傳 第二頁

們的幸福，但也是他們的悲哀。

抗戰的烽火使我懷着留戀的心情離開了北平，經過黃河及長江沖積的大平原，古雲夢澤的遺跡，最後因病蟄居在苗夷雜聚的雲貴高原的小縣城，欣賞過大自然的雄偉，熱愛着祖國的原野，但也受着病魔的糾纏和失學的痛苦。四年的病痛是我在平坦的路途中初次遇到的坎坷不平的羊腸小道，對於自己及家庭，這遭遇實在是一個大大的不幸。

病中的生活是難堪的，但他卻給我機會去閱讀那些在校中沒有看過的書報雜誌，欣賞着具有歷史性的小說及批評最近世界動態的雜誌，只可惜對於自己所喜歡的科學方面之書籍，因為供應的困難，沒有系統化的學習。

國家在劇變中，人類的歷史正在重寫，中國的前途有待於這輩青年的努力，人事的調整，重工業的建設及廢墟的重建都需要國民日常生活的徹底科學化。自己不能領導時代，卻願意作推進時代的一個小齒輪。因為家庭的遷移，願意在這東南設備完全的厦門大學行走大學的階段，奠定一些自然科學及語文方面的基礎，作為將來從事翻譯科學書籍的準備。

訓導處製

1
―
2

1 1942 年，谢希德手写的《国立厦门大学学生自传》

2 谢希德（前排右 1）与厦门大学同学

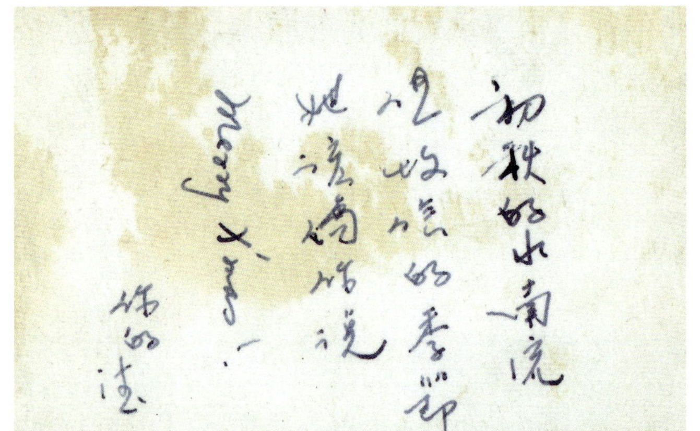

1 谢希德与厦门大学同学

2 谢希德与厦门大学同学（下图为照片背面）

3 谢希德与厦门大学同学（从左至右：张永巽、周惠慈、刘藻琴、谢希德）

4 谢希德与室友周惠慈毕业合照

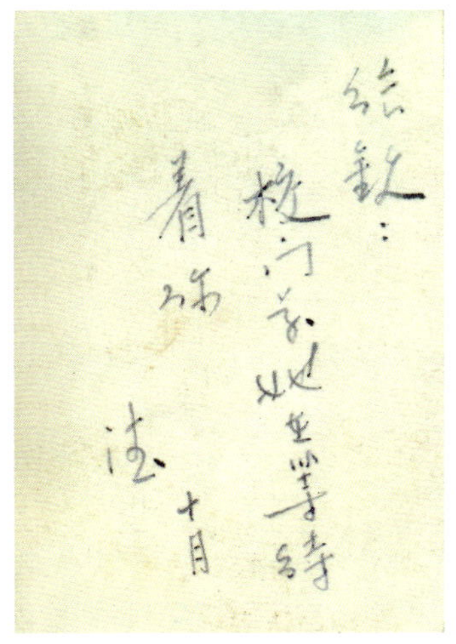

1 谢希德送给曹天钦的与室友周惠慈的合影（右图为照片背面）

2 1997年，谢希德与分别五十年的老同学周惠慈（右2）在台北重逢

NATIONAL UNIVERSITY OF AMOY

Amoy, ~~CHANGTING~~, W. Fukien, CHINA.

SCHOLARSHIP CREDENTIAL

TO WHOM IT MAY CONCERN:

This is to certify that Miss: Hsieh Hsi-teh (谢希德) was from Autumn Semester 1942 to Spring Semester 1946 a student in the College of Science and Engineering, majoring in Department of Mathematics and ~~minoring~~ in Physics. The following is a transcript of her scholarship record during those eight semesters.

STUDIES

FIRST YEAR (Autumn, 1942 to Spring, 1943)

Courses	Hrs per Wk.	Mark Percentage 1st Sem.	Mark Percentage 2nd Sem.	Credits
English I	5	91	92	8
Chinese I	4	84	79	6
Elementary Calculus	4	89	87	8
General Physics	6	95	95	8
General Psychology	3	—	93	3
Three Principles of The People	2	84	88	—
Nursing	I	75	80	—
Annual Credits				33

SECOND YEAR (Autumn, 1943 to Spring, 1944)

Courses	Hrs per Wk.	Mark Percentage 1st Sem.	Mark Percentage 2nd Sem.	Credits
Differential Equations	3	92	—	3
General Chemistry	6	75	81	8
Electricity and Magnetism	4.5	84	72	9
Theoretical Mechanics	3	88	100	6
Economics	3	86	93	6
Advanced physical Laboratory	3	80	83	2
Advanced Calculus	3	—	86	3
Ethics	2	80	—	—
Annual Credits				37
Accumulated Credits				70

MARKING SYSTEM & CREDIT SYSTEM

Marks are expressed in percentages:
60 % is a Pass.
Below 50 % is a Failure.
A mark in between is a Condition, which may be lifted once by passing the make-up examination.

One *credit* is given for one hour's class work requiring two or more hours of preparation per week throughout a semester of 17 teaching weeks. Three hours per week of laboratory, or two hours of practical work, throughout a semester is equivalent to one credit hour.

STUDIES

THIRD YEAR (Autumn, 1944 to Spring, 1945)

Courses	Hrs per Wk.	Mark Percentage 1st Sem.	Mark Percentage 2nd Sem.	Credits
Theoretical Physics	3	90	90	6
Advanced Electricity and Magnetism	3	80	90	6
Advanced Calculus	3	82	—	3
Chinese History	3	78	86	6
Qualitative Analysis	3	85	—	3
Selections in English	3	85	—	3
Functions of a Complex Variable	3	—	89	3
Western Fiction	3	—	89	3
German I	4	—	91	4
Annual Credits				37
Accumulated Credits				107

FOURTH YEAR (Autumn, 1945 to Spring, 1946)

Courses	Hrs per Wk.	Mark Percentage 1st Sem.	Mark Percentage 2nd Sem.	Credits
Optics	3	97	95	6
Optics Laboratory	3	88	86	2
Heat	3	97	—	3
Special Problems in Physics	I	87	87	2
Modern Physics	3	90	80	6
Radio	4	90	60	7
German I	4	89	83	8
Thermodynamics	3	—	93	3
Radio Laboratory	3	—	84	I
Thesis	—	85	85	2
Annual Credits				40
Accumulated Credits				147

Miss: Hsieh Hsi-teh was graduated from this University in June 1946 with the degree of Bachelor of Science.

Amoy, ~~Changting~~, W. Fukien.

Date 22 March 1947

張志家
Registrar

陳朝璧
Dean

國立厦門大學
NATIONAL UNIVERSITY OF AMOY
AMOY FUKIEN. CHINA.

Department of Physics & Mathematics

Dec. 10, 1946

To whom it may concern:

This is to certify that Miss Hsieh Hsi-Teh has duly completed the courses required for the degree of Bachelor of Science in the department of physics and mathematics and has been graduated with honors in June 1946. For three successive years, (1943-1946) she was the recipient of the Cha-Keng scholarship, established in honor of the founder of this university. Throughout her four years of college, her persistent industry and high scholarstic standing has won her the approbation of our faculty members and the admiration of her fellow students. She is one of the most promising graduateed in this department in recent years, and I am sure she will prove herself worthy of any consideration that may be shown to her.

Henry S. C. Chen

Henry S. C. Chen
(Chairman of the Department of Physics & Mathematics)

國立厦門大學
NATIONAL UNIVERSITY OF AMOY
AMOY FUKIEN. CHINA.

Office of the President

Dec. 12, 1946

To whom it may concern:

This is to certify that Miss Hsieh Hsi-Teh has successfully fulfilled the requirements of this university and has been awarded the degree of Bachelor of Science in June, 1946. She has, for three successive academic years, held the Cha-Keng scholarship, accomplishment seldem equalled. Besides her high scholarstic attainment, she shows wide interest in extra-curricular activities. She is one of the most brilliant graduates we had in recent years, and I trust that she could likewise prove herself in her post-graduate career.

(President of the University).

Ouang Te-yio

汪德耀

2	1
3	4

1 谢希德厦门大学毕业照

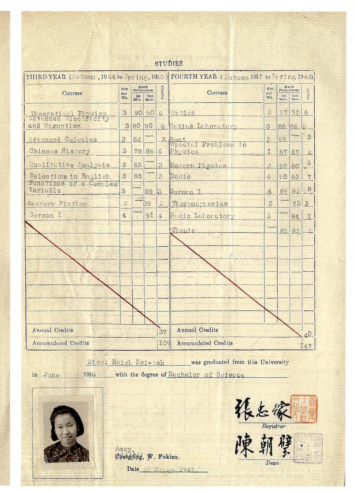

2 谢希德厦门大学英文成绩单

3 1946 年，厦门大学数理系主任陈世昌为谢希德写的推荐信

4 1946 年，厦门大学校长汪德耀为谢希德写的推荐信

1 1996 年，谢希德在美国探望厦门大学前校长萨本栋的夫人黄淑慎女士

2 1980 年代，谢希德和厦门大学前校长萨本栋之子萨支唐教授夫妇合影

3 1946 年 5 月 10 日，厦门大学女生同学会欢送毕业同学留影（前排左 1 为谢希德）

抉择

1946 年夏，谢希德从厦门大学毕业。抗战虽然取得了胜利，但其时物价飞涨、民生凋敝，国统区陷入严重的经济危机，局势动荡。看到祖国文化科学事业停滞不前，谢希德决定出国深造。

因出国一时难以成行，1946 年秋，谢希德到上海沪江大学任助教一年。同年，因在厦门大学执教收入难以维持全家生活，父亲谢玉铭应友人之邀，只身赴菲律宾谋职。谁知，这一别，全家再也未能团聚。

谢希德在沪江大学的工作非常紧张：既要改“微积分”课程的作业，又要带学生进行普通物理实验。在父亲的学生张文裕夫妇帮助下，美国史密斯学院（Smith College）应允给予谢希德免收学费并担任助教的待遇。谢希德决定去史密斯学院深造。

史密斯学院是著名的“七姐妹学院”（女子学院）成员，也是全美颇负盛名的顶尖文理学院之一。1947 年 8 月 10 日，谢希德独自登上客轮，踏上了赴美留学的征途。

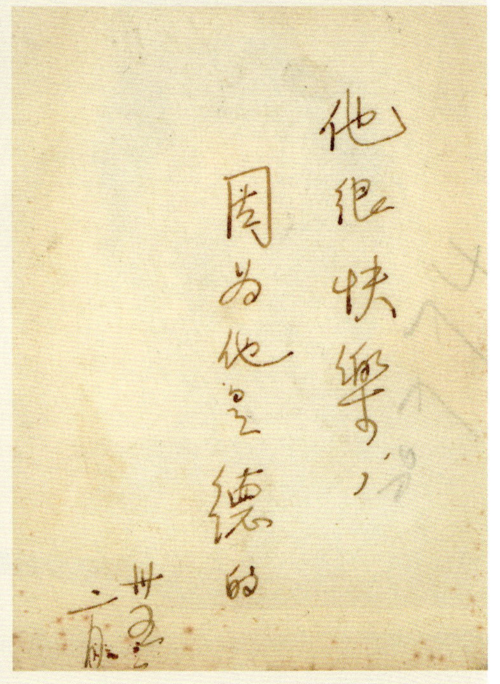

1 1946 年的曹天钦（右图为照片背面）

2 1946 年 4 月 28 日，谢希德、曹天钦在长汀合影

3 曹天钦燕京大学毕业照

1946 年，全家在长汀，这也是谢希德全家最后一张合影

1 | 2

1 1947 年春节，谢希德于上海沪江大学留影

2 1947 年，谢希德赴美前在上海与母亲及弟弟希文、希仁合影

1 谢希德留学证书

2 谢希德（左 3）与沪江大学同事

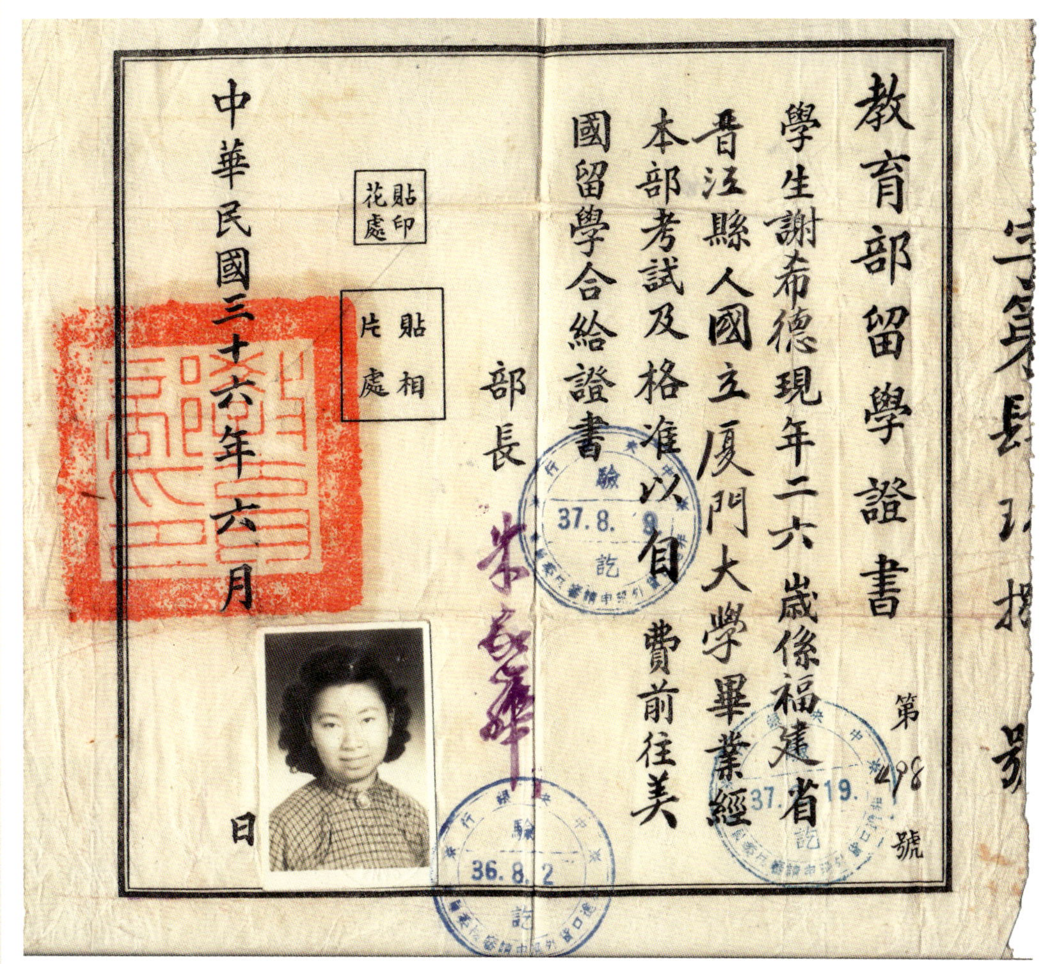

教育部留學證書

第498號

學生謝希德現年二六歲係福建省晉江縣人國立厦門大學畢業經本部考試及格准以自費前往美國留學合給證書

部長

貼印花處

貼相片處

中華民國三十六年六月　日

远渡重洋，心系祖国

从史密斯学院到麻省理工学院

在史密斯学院的两年中，谢希德师从研究生院院长安斯罗（G.Anslow）教授，一边刻苦学习，一边担任助教工作，1949年以《关于碳氢化合物吸收光谱中氢键信息的分析》论文获得硕士学位。谢希德随后又申请到去麻省理工学院（Massachusetts Institute of Technology）免费攻读博士的机会，同时还申请到了史密斯学院为校友提供的奖学金。

1949年秋，在莫尔斯（P.M.Morse）和阿利斯（W.P.Allis）两位教授的指导下谢希德开始攻读博士学位。莫尔斯是著名物理学家、运筹学领域的开拓者，在他建议下，谢希德选择理论物理作为主攻方向。1951年，谢希德以《高度压缩下氢原子的波函数》论文顺利通过答辩并获得博士学位。这项研究是为了探索恒星物质的光谱，今天关于阻光性的分析仍然是高压凝聚态物质判别相变的手段。

应著名物理学家斯莱特的邀请，谢希德获得博士学位后，到麻省理工学院固态分子研究室任博士后研究员，从事半导体锗微波特性的理论研究。她开始对半导体物性研究产生浓厚兴趣。

同年，曹天钦在剑桥大学获得博士学位。从订婚到1952年携手回国，两人有6年多时间未能见面。分处异国的谢希德与曹天钦常书信来往、邮寄照片，互诉相思之情。在寄给谢希德照片的背后，曹天钦写道："He smiled because he was thinking of you when he posed for the photograph. Famous Cathedral of Ely at back." 在寄给曹天钦的照片背后，谢希德写道："Think of you while I was watching Shu & Ding fixing the flowers. How I envied her!"

在史密斯学院图书馆学习

1 | 2
  | 3

1 谢希德在史密斯学院实验室

2 1948 年 12 月 22 日，谢希德于史密斯学院校园内威尔逊楼（Wilson House）前留影

3 1948 年 12 月 22 日，谢希德于史密斯学院校园留影

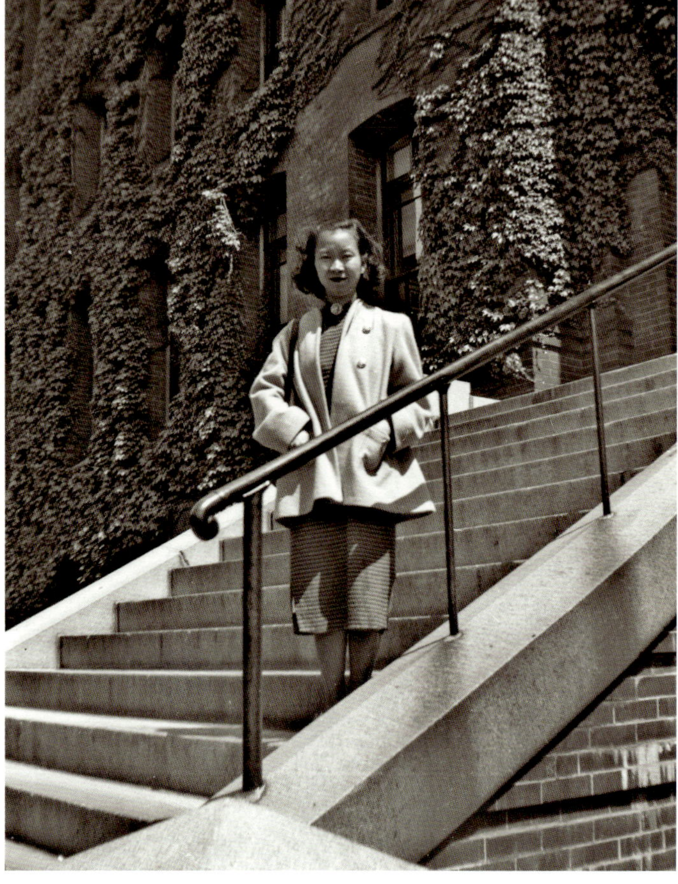

1
2 | 3

1 谢希德在史密斯学院伊宁喷泉（Ianning Fountain）前留影

2 谢希德在史密斯学院教学楼前留影

3 谢希德在史密斯学院校园内留影

谢希德在史密斯学院的业余生活

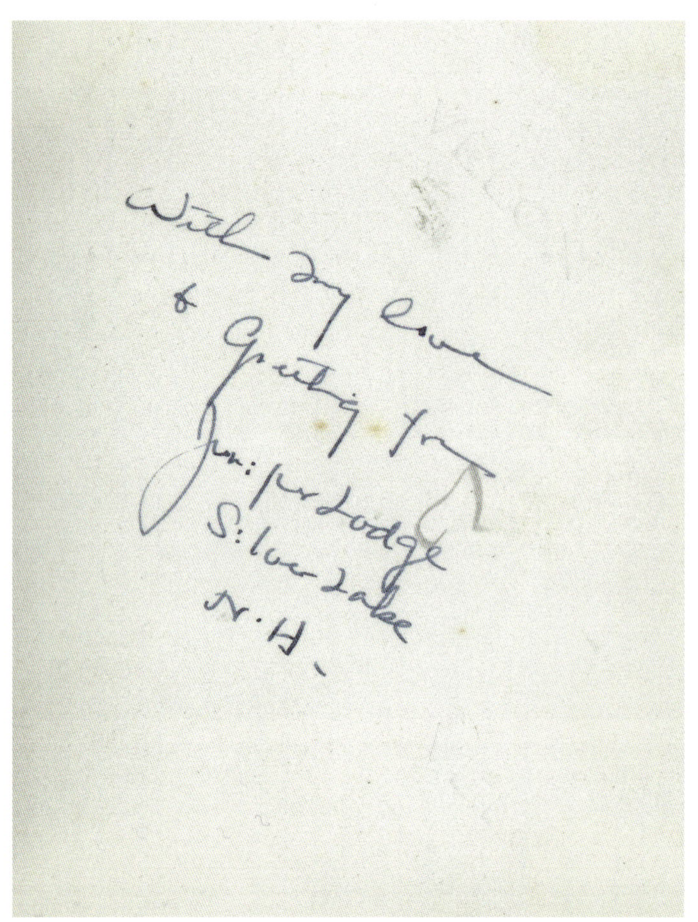

1
2

1 谢希德在新罕布什尔州（New Hampshire）的银湖游览（右图为照片背面）

2 谢希德在新罕布什尔州的银湖留影

Velox

He smiled because he was thinking of you when he posed for the photograph.

Famous Cathedral of Ely at the back.

434

taken. Dec 27. 19

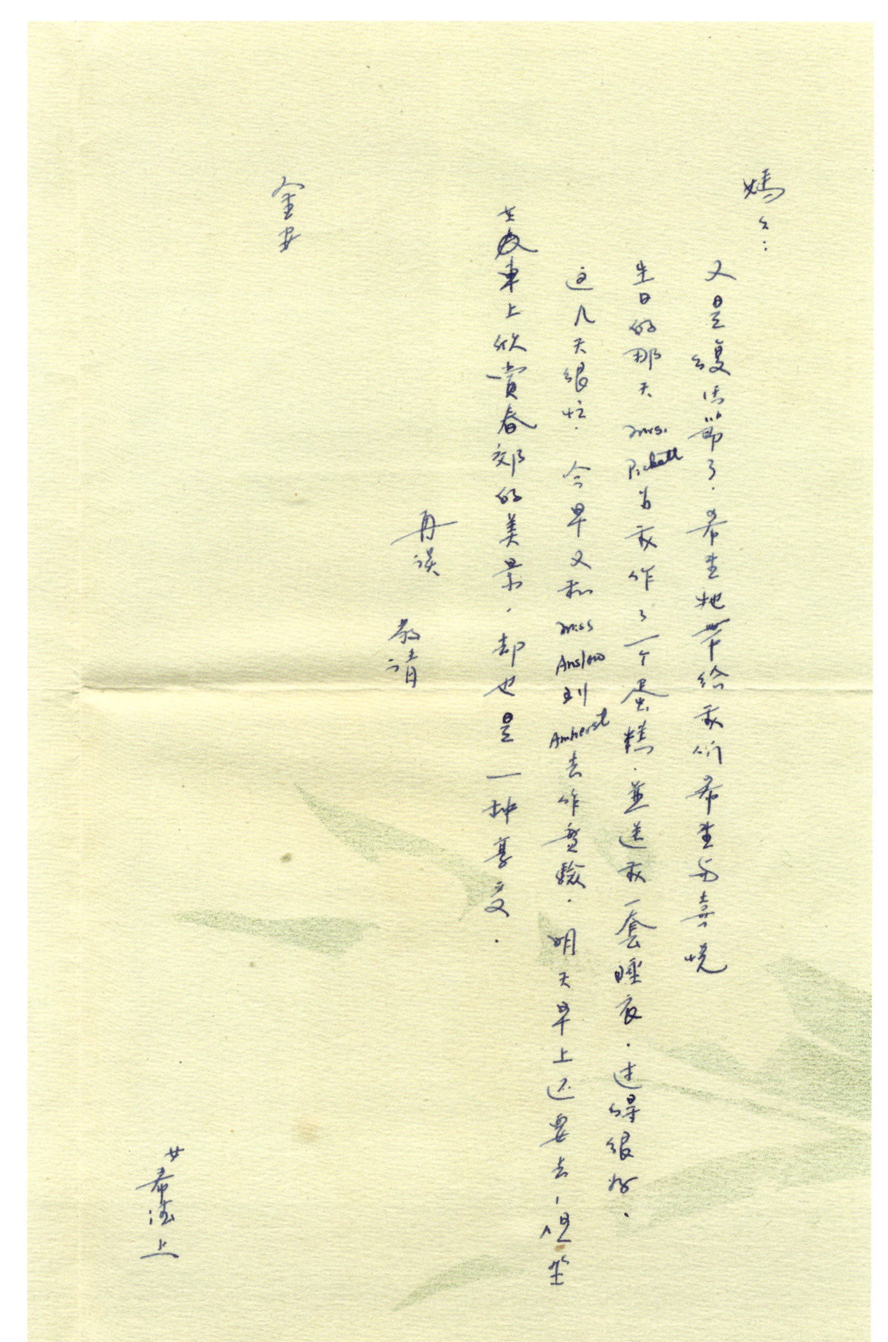

妈：

又是复活节了，希望她带给我们希望与喜悦。生日的那天，Mrs. Pickett为我作了一个蛋糕，并送我一套睡衣，这得很好。这几天很忙，今早又和Miss Anslow到Amherst去作实验，明天早上还要去，但坐在车上欣赏春郊的美景，却也是一种享受。

再谈

敬请

金安

女希德上

1 | 2

1 曹天钦在剑桥大学留影（下图照片为背面）

2 在史密斯学院，谢希德写给母亲的家信

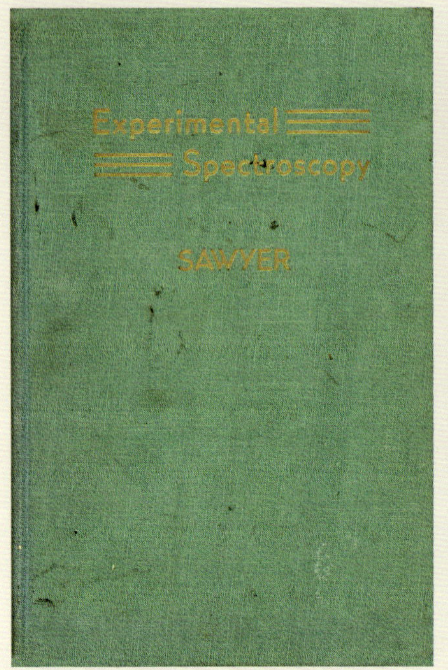

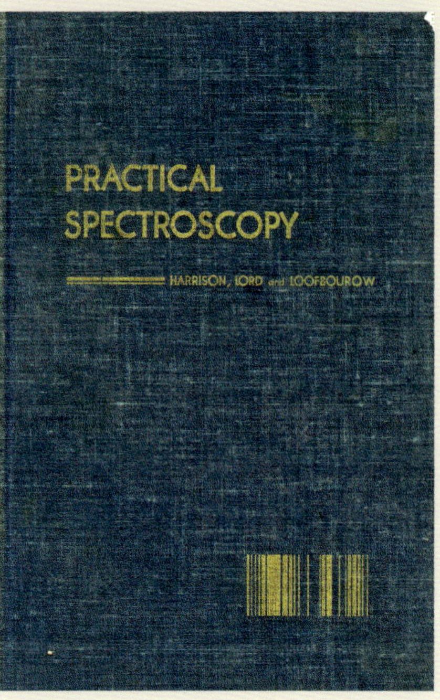

1 谢希德在史密斯学院使用过的教科书《试验谱学》（*Experimental Spectroscopy*）

2 谢希德在史密斯学院使用过的教科书《实用光谱学》（*Practical Spectroscopy*）

3 谢希德在史密斯学院的硕士论文封面

4 谢希德在史密斯学院的硕士论文感谢页

5 谢希德在史密斯学院的硕士论文摘页

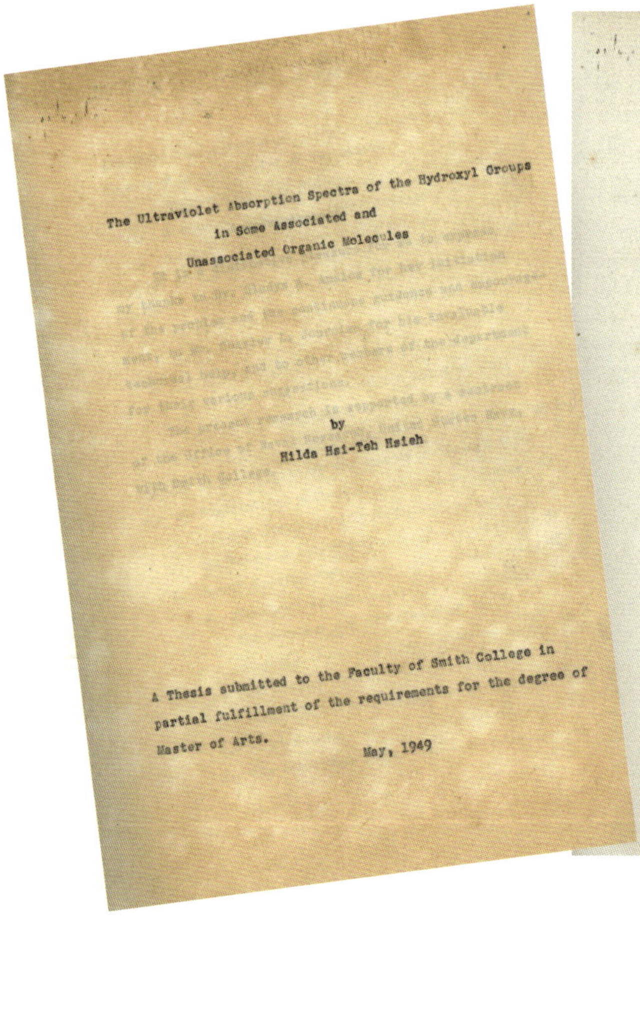

1	2	
3	4	5

The Ultraviolet Absorption Spectra of the Hydroxyl Groups
in Some Associated and
Unassociated Organic Molecules

by
Hilda Hsi-Teh Hsieh

A Thesis submitted to the Faculty of Smith College in partial fulfillment of the requirements for the degree of Master of Arts.

May, 1949

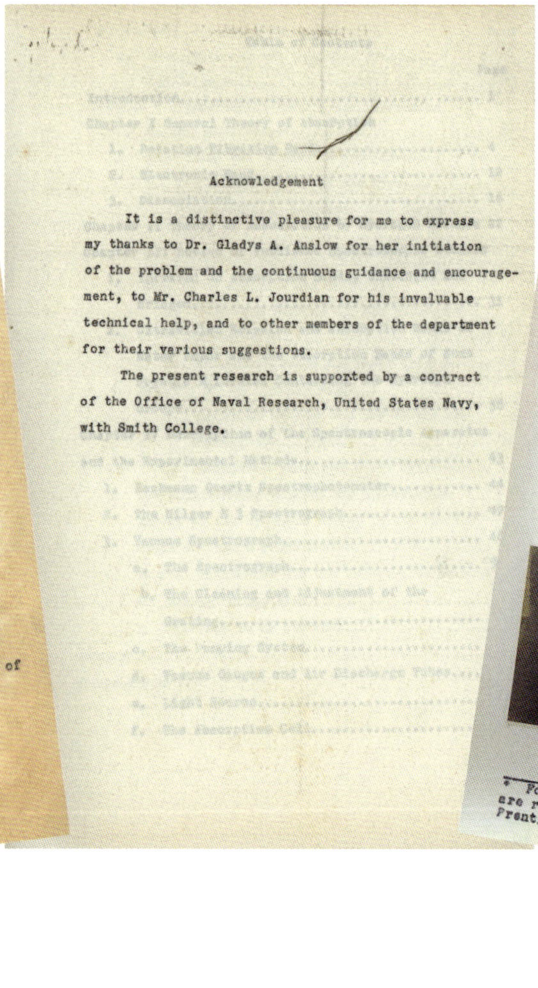

Acknowledgement

It is a distinctive pleasure for me to express my thanks to Dr. Gladys A. Anslow for her initiation of the problem and the continuous guidance and encouragement, to Mr. Charles L. Jourdian for his invaluable technical help, and to other members of the department for their various suggestions.

The present research is supported by a contract of the Office of Naval Research, United States Navy, with Smith College.

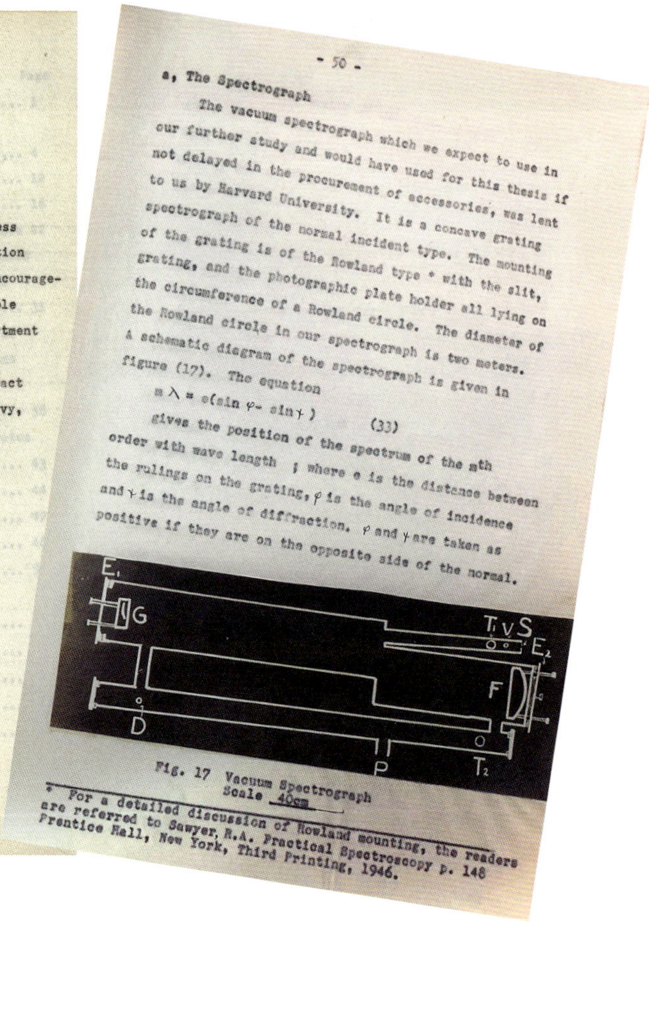

- 50 -

a. The Spectrograph

The vacuum spectrograph which we expect to use in our further study and would have used for this thesis if not delayed in the procurement of accessories, was lent to us by Harvard University. It is a concave grating spectrograph of the normal incident type. The mounting of the grating is of the Rowland type * with the slit, grating, and the photographic plate holder all lying on the circumference of a Rowland circle. The diameter of the Rowland circle in our spectrograph is two meters. A schematic diagram of the spectrograph is given in figure (17). The equation

$$m\lambda = e(\sin\varphi - \sin\gamma) \quad (33)$$

gives the position of the spectrum of the mth order with wave length λ; where e is the distance between the rulings on the grating, φ is the angle of incidence and γ is the angle of diffraction. φ and γ are taken as positive if they are on the opposite side of the normal.

Fig. 17 Vacuum Spectrograph
Scale 40cm

* For a detailed discussion of Rowland mounting, the readers are referred to Sawyer, R.A. Practical Spectroscopy p. 148 Prentice Hall, New York, Third Printing, 1946.

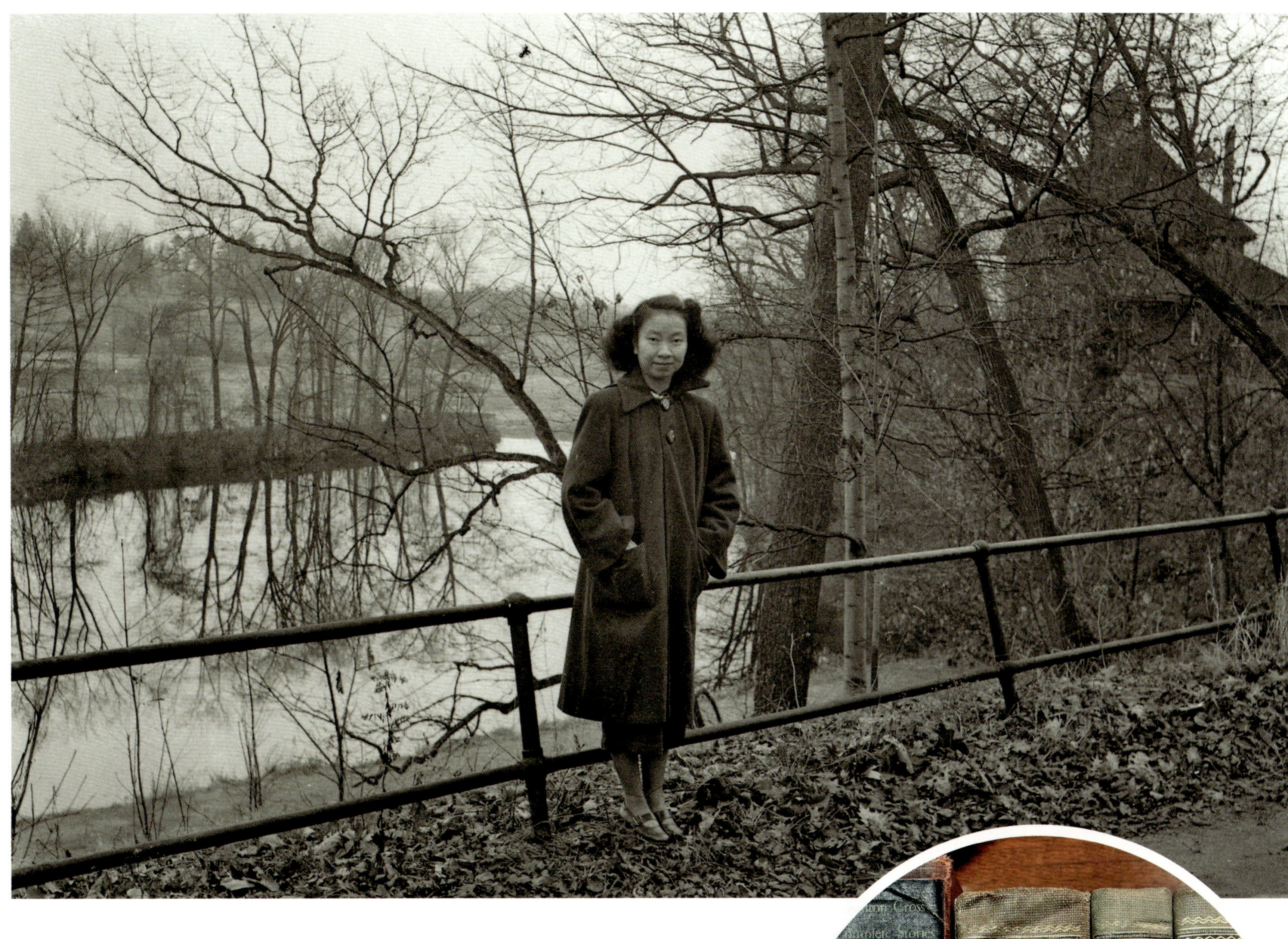

1
2

1 谢希德郊游留影

2 谢希德课外阅读的书籍

SMITH COLLEGE

NORTHAMPTON, MASSACHUSETTS

GRADUATE STUDENT

NAME Hsieh, Hilda Hsi-Teh

PLACE AND DATE OF BIRTH Chinkiang Fukien, China March 19, 1921

PARENT OR GUARDIAN Dr. Yü-Ming Hsieh

ADDRESS Dee Brothers Inc., 182 Nueva Street, Manila, P.I.

RESIDENCE WHILE IN COLLEGE 10 Prospect Street CHURCH

HOME ADDRESS 15 Yüng Chún Road, Kulongsu Amoy, Fukien China

COLLEGES OR UNIVERSITIES WITH DATES B.S. Nat'l Univ. of Amoy, China

GRADUATED 1946

SCHOLARSHIPS HELD

YEAR 1947 - 48

COURSE		HRS.	GRADE	HRS.	GRADE
Phys 54a	Intro Quantum Mechanics	3	Dis.		
Phys 52a,b	Selected problems (Lorentz)	3	Dis	3	Dis
Phys 55b	Seminar in Nuclear			3	Dis
Phys 51b	Spectroscopy (Anslow)			2	Dis
	1948 - 49				
Phys 50a	Research & Thesis (Anslow)	6	Dis		
Phys 59a	Structure of Large Molecules	4	Dis		
Phys 51b	Spectrophotometric Studies (Anslow)			12	Dis
	TOTAL				

YEAR

COURSE	HRS.	GRADE	HRS.	GRADE
TOTAL				

TITLE OF THESIS The Ultraviolet Absorption Spectra of the Hydroxyl Groups in Some Associated and Unassociated Organic Molecules.

DEGREE CONFERRED A. M. June 1949 With Distinction

Elected Assoc. Membership Sigma Xi, 1948.

1 谢希德史密斯学院成绩单

2 & 3 谢希德在史密斯学院获得硕士学位

谢希德在史密斯学院校园中（右图为照片背面）

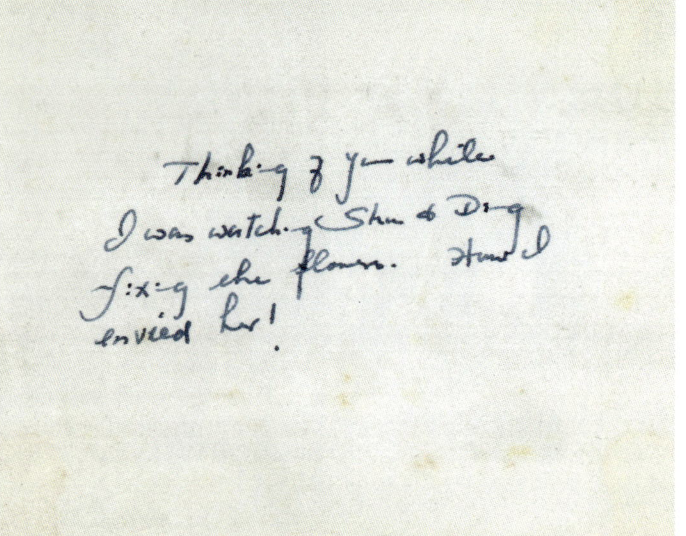

Thinking of you while
I was watching Shu & Ding
fixing the flowers. How I
envied her!

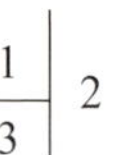

1 谢希德在住所房前留影

2 谢希德和同学在史密斯学院的住所中（下图为照片背面）

3 谢希德在家中留影

1 | 2 / 3

1 & 2 谢希德在家中留影

3 谢希德在史密斯学院校园里和老师合影

UNIVERSITY OF CAMBRIDGE

I hereby certify that

Tien-Chin Tsao

of Gonville and Caius College

in the University of Cambridge was at a full Congregation holden in the Senate House on 4 August 1951 admitted to the Degree of DOCTOR of PHILOSOPHY

Witness my hand this fourth day of August one thousand nine hundred and fifty-one

W. W. Grave

Registrary of the University

Registrary's Clerk

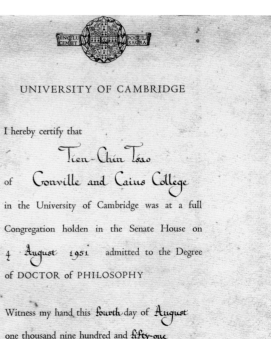

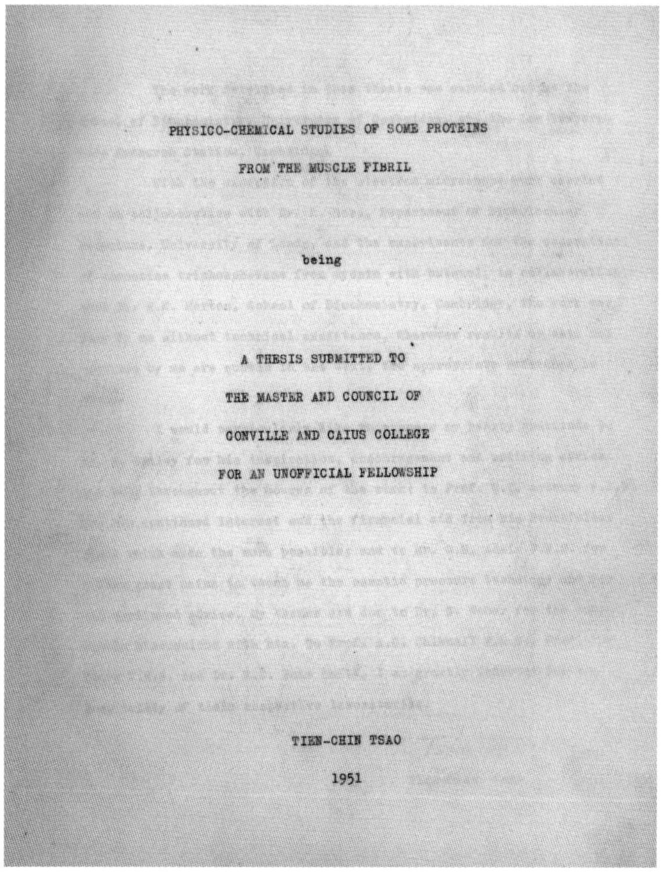

PHYSICO-CHEMICAL STUDIES OF SOME PROTEINS

FROM THE MUSCLE FIBRIL

being

A THESIS SUBMITTED TO

THE MASTER AND COUNCIL OF

GONVILLE AND CAIUS COLLEGE

FOR AN UNOFFICIAL FELLOWSHIP

TIEN-CHIN TSAO

1951

1 | 2/3

1 1951 年 8 月 4 日，曹天钦获得博士学位。图为曹天钦在剑桥大学国王学院礼拜堂（King’s College Chaple）和法学院图书馆前留影

2 曹天钦剑桥大学博士证书

3 曹天钦博士论文的封面

「愛给他安慰，力量，快樂和希望；使他得以勝过沮丧，寂寞，绝望和創傷。」他願以努力答報摯愛着他的人。

Amidst buttercups in Grantchester Meadows.
I have spent many a spring evenings (when it is too cold for bathers to spoil the quietness) alone here, ~~thinking~~ of you.

28/5/50

1 | 2

1 曹天钦在剑桥大学获得博士学位（下图为照片背面）

2 曹天钦在剑桥大学留影（下图为照片背面）

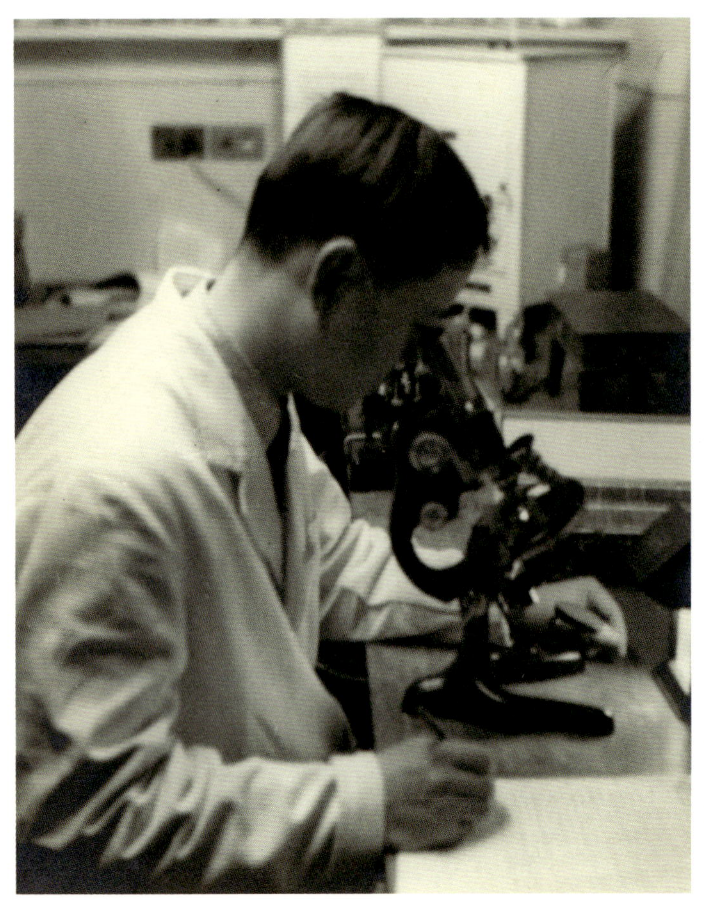

Somebody else's lab coat,
" " microscope,
" " pencil,
I wish I knew what I have been looking at! Are you impressed, darling?

Jan. 16/52'

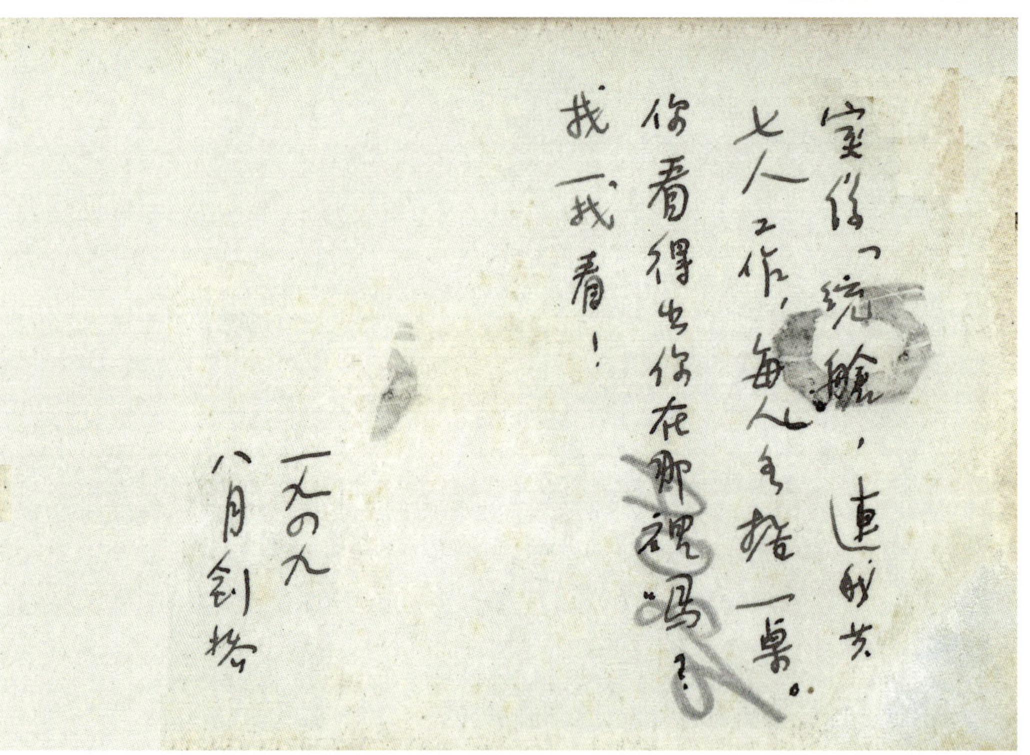

实係"统舱"，連我共七人工作，每人各据一桌。你看得出你在那裡嗎？找一找看！

一九四九
八月 剑桥

1 | 2

1 曹天钦在剑桥大学做实验（下图为照片背面）

2 曹天钦在实验室内留影（下图为照片背面）

MASSACHUSETTS INSTITUTE OF TECHNOLOGY

UPON THE RECOMMENDATION OF THE FACULTY
HEREBY CONFERS ON

Hilda Hsi-Teh Hsieh

THE DEGREE OF

DOCTOR OF PHILOSOPHY

IN RECOGNITION OF HER SCIENTIFIC ATTAINMENTS AND ABILITY TO CARRY ON ORIGINAL RESEARCH AS DEMONSTRATED BY A THESIS *in the field of Theoretical Physics entitled*

Wave Functions of Electrons in a Highly Compressed Gas.

GIVEN THIS DAY UNDER THE SEAL OF THE INSTITUTE AT CAMBRIDGE IN THE COMMONWEALTH OF MASSACHUSETTS

SEPTEMBER 19, 1951

SECRETARY

J. R. Killian, Jr.
PRESIDENT

1|2
3

1 曹天钦摆放在实验室中的照片

2 谢希德麻省理工学院毕业照

4 谢希德麻省理工学院博士证书

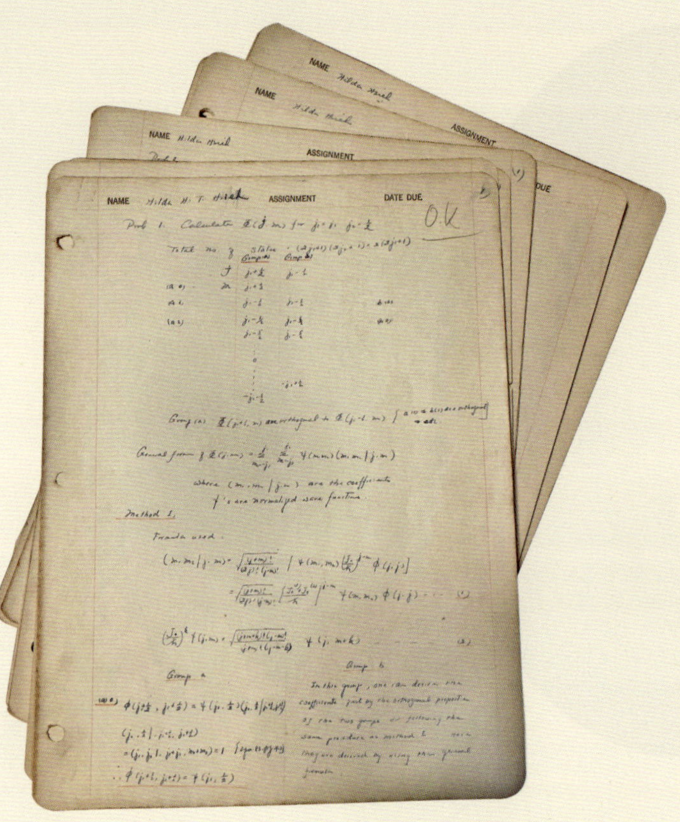
NAME Hilda H. T. Hsieh ASSIGNMENT DATE DUE

OK

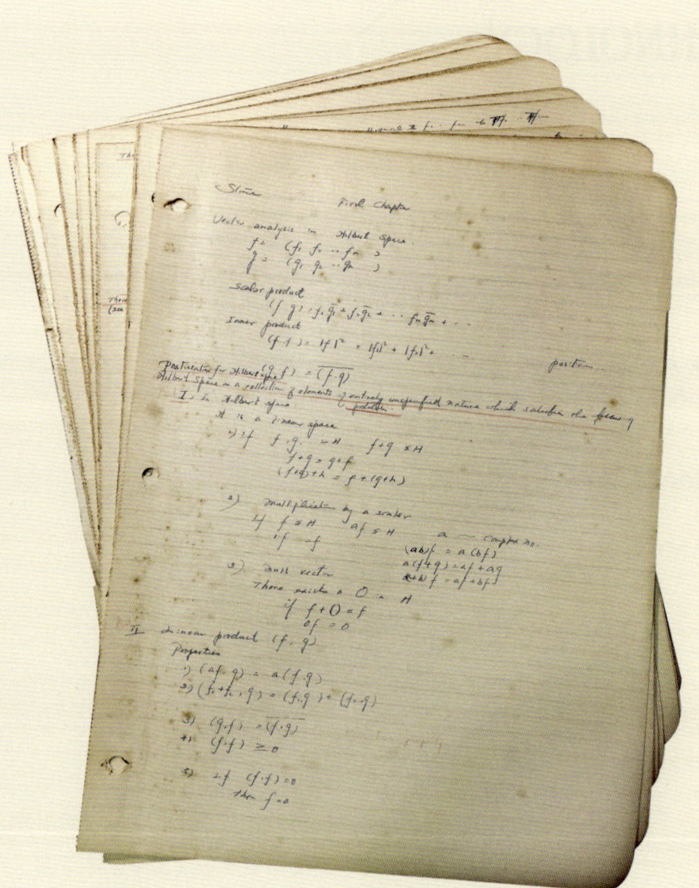
First Chapter

Vector analysis in Hilbert space

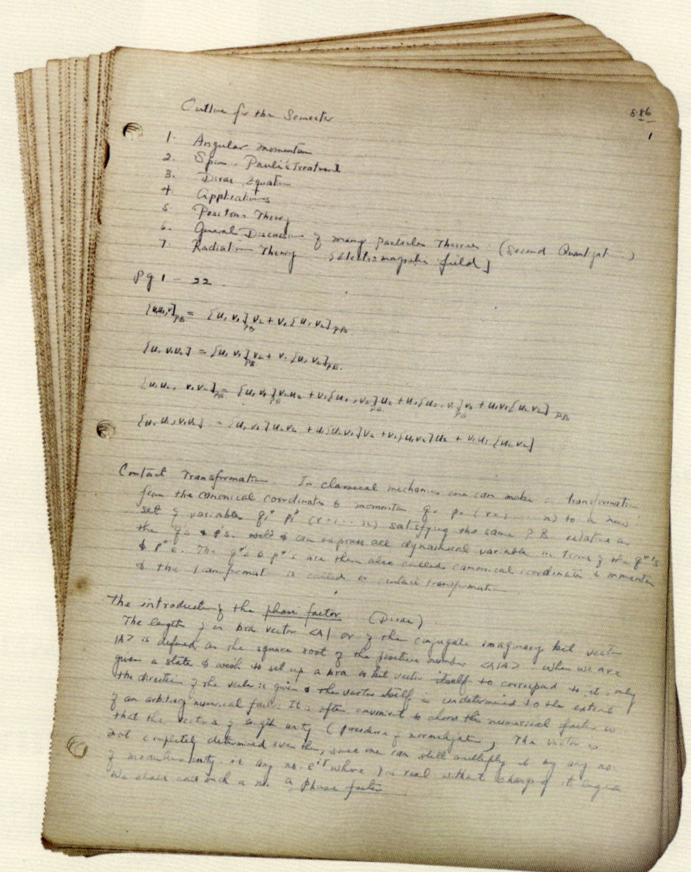
Outline for the Semester

1. Angular momentum
2. Spin – Pauli's treatment
3. Dirac Equation
4. Applications
5. Positron Theory
6. General Discussion of many particles Theory (Second Quantization)
7. Radiation Theory (electromagnetic field)

1 谢希德在麻省理工学院时的“相对论”课程作业

2 谢希德在麻省理工学院时的“相对论”课程笔记

3 谢希德在麻省理工学院时的“相对论”课程总结

WAVE FUNCTIONS OF ELECTRONS IN A HIGHLY COMPRESSED GAS

by

Hilda Hsi-Teh Hsieh (Tsao)

B.S. National University of Amoy (1946)

M.A. Smith College (1949)

Submitted in Partial Fulfillment of the

Requirements for the Degree of

Doctor of Philosophy

at the

Massachusetts Institute of Technology

(1951)

Signature of Author............ Signature Redacted

Department of Physics, July 16, 1951

Certified by............ Signature Redacted

Thesis Supervisor

.... Signature Redacted

Chairman, Department Committee on Graduate Students

WAVE FUNCTIONS OF ELECTRONS IN A HIGHLY COMPRESSED GAS

by

Hilda Hsi-Teh Hsieh

Submitted in Partial Fulfillment of the Requirements

for the Degree of Doctor of Philosophy on July 16, 1951

ABSTRACT

Quantum mechanical treatments of problems which deal with gases inside the stars have thus far been carried out by using the wave function of an electron moving in the field of a single atom. This simplified picture is no longer valid when the pressure of the gaseous medium is very high. This anomalous situation may give rise to two special phenomena. The bound electrons may be squeezed out of the atoms completely, or if any bound level does exist, its ionization potential is lowered. It is the purpose of the present study to find the wave function of electrons for both cases. Only hydrogen gas will be considered here; however, the method developed may be extended to other elements.

By using the method of self-consistent fields, developed by Hartree and Fock, calculations are first carried out for electrons that are completely squeezed out of their bound levels. Those free electrons form a highly degenerate gas about the ions. The problem can be considered as spherically symmetric and the Schrödinger equation of the electron is solved by using an assumed potential. The charge distribution can then be determined by the solutions and from the charge distribution, a potential can be calculated. A new method is used in obtaining a self-consistency between the calculated and the assumed potential. This is

done by adjusting a parameter which determines the density of the gas and the Fermi energy. The correction due to the exchange potential is also taken into account by assuming the electrons are perfectly free.

For the case that a bound level with very low ionization potential exists, the problem is treated by methods which have been developed for the theory of solids. The situation differs in the fact that there is no periodicity in the arrangement of the gaseous atoms. The single electron wave function is assumed to be of the Bloch type. The width of the energy band is determined as a function of the interatomic distance. A self-consistent calculation is then carried out for cases which have different ionization potentials.

Using the wave functions obtained, the opacity of a compressed hydrogen gas is determined as a function of temperature and density. The absorption of radiation is mainly caused by absorption by the bound electrons as well as that of the free electrons in the presence of the field. The coefficients of the absorption are calculated for both cases and the results are compared with that obtained by Kramers from a semi-classical treatment. Ratios between the two, called the Gaunt's factors, are determined for various densities and frequencies. From these are computed the opacities of the gas for various densities and temperatures.

ACKNOWLEDGMENT

The author wishes to express her sincere gratitude to her thesis advisers Professor P. M. Morse and Professor W. P. Allis for their suggestion of the problem and their incessant interest, guidance and encouragement during the course of research. Thanks and appreciation are due to Mrs. Norma W. Donelan who typed the thesis. She also wishes to express her gratitude to the Physics Department and the Research Laboratory of Electronics who made this research possible.

1	2
3	4

1 谢希德麻省理工学院博士论文封面

2 谢希德麻省理工学院博士论文摘要第 1 页

3 谢希德麻省理工学院博士论文摘要第 2 页

4 谢希德麻省理工学院博士论文感谢页

MASSACHUSETTS INSTITUTE OF TECHNOLOGY

REPORT FOR FALL TERM, 1949–50

February, 1950

GRADUATE

— Hilda H. Hsieh has received the grades noted below.

Cumulative Rating to date 5.00

J. C. MacKinnon Registrar.

—Miss Hilda H. Hsieh
120 Bay State Road
Boston, Mass.

The number preceding name of subject refers to description in Catalogue. A unit represents fifteen hours work. Explanation of grades will be found on the other side. Keep this report for reference.

1. ALL "A" SUBJECTS

Subject No.	Subject Name	Units	Grade
8.411T	Statistical Thermodyn.	12	H
8.60T	Spec.Prob.in Th.Physics	6	H
8.79	Methods of Th.Physics	12	H
M591	Partial Diff.Equations	12	H

2. OTHER SUBJECTS **ACCEPTED** FOR DEGREE

Subject No.	Subject Name	Units	Grade

3. OTHER SUBJECTS **NOT** ACCEPTED FOR DEGREE

Subject No.	Subject Name	Units	Grade

11-49-2300 RF7 (OVER)

EXPLANATION OF GRADES

PASSING GRADES

H, passed with honor.
C, passed with credit.
P, passed.
L, barely passed.

FAILING GRADES

F, conditioned. Student is entitled to one condition examination (except in drawing or laboratory subjects) because in the opinion of the instructor a comprehensive review of the subject should enable him to pass it. This must be taken at the next condition examination period or the right to such examination is forfeited. Condition examinations for failures in February 1950, will be held on Saturday afternoons in March 1950, beginning about March 4. For the convenience of students, a schedule of the March condition examinations, together with an application card, will be mailed about February 15 to each student having an "F" or "Abs E." If the examination schedule and application card are not received by February 18, the student should call for them, at once, at Room 7-138 as the application card must be returned by 5 p.m., February 23, 1950, or the right to the examination will be forfeited.

A grade of F in a drawing or laboratory subject (except in D11 and D12) is to be removed in accordance with the regulations printed below for the removal of D. A grade of F in D11 or D12 entitles the student to a condition examination.

FF, failed completely. Signifies that the student must repeat the subject, and he will not be allowed to take subjects depending thereon unless he has previously had an F in the subject.

OTHER GRADES

J, attended. Grade in same subject in subsequent term also covers this term.
N, subject passed but no formal grade assigned.
D, deficient. Signifies the work required has not been completed.

Except in drawing or in laboratory subjects, all grades of D must be removed not later than the end of the fifth week of the succeeding term of the regular academic year. Grades of D or F in drawing and in the Electrical Engineering Laboratory subjects must be removed not later than the end of the academic term succeeding the one in which they were received. Grades of D or F in laboratory work, except the Electrical Engineering Laboratory subjects, must be removed within one year from the date incurred. The student should not register for a subject if he is removing a D or F in that subject within the time limit stated above. If work is not completed within the time specified above, the student must register for and repeat the subject in order to receive credit.

D Exp, deficiency satisfactorily explained to the Dean. Student is entitled to complete subject in accordance with notice enclosed.

Abs, absent. Grade withheld because of absence. It is equivalent to a grade of FF unless absence is satisfactorily explained to the Dean. Absence should be explained to the Dean immediately.

Abs E, absence satisfactorily explained to the Dean. Student is entitled to make up subject in accordance with notice enclosed.

1 | 2
3

1 谢希德麻省理工学院成绩单

2 谢希德麻省理工学院成绩单背面

3 谢希德和同学在麻省理工学院留影

1 | 2 / 3

1 谢希德在麻省理工学院主楼前

2 谢希德在麻省理工学院留影

3 谢希德和同学在家中

1 谢希德文章打印稿

2 谢希德在麻省理工学院使用的油印版“理论力学”等课程讲义

3 谢希德在麻省理工学院使用过的物理杂志

1 | 2

1 谢希德在麻省理工学院使用的物理教科书

2 谢希德在美国普林斯顿大学（Princeton University）留影，左下为照片背面

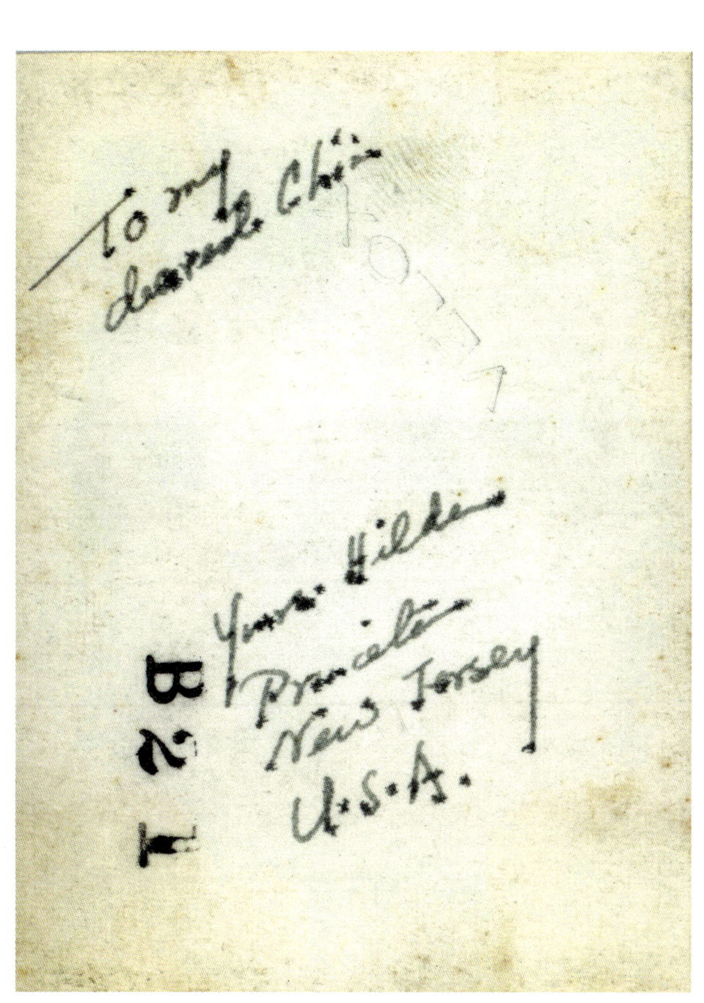

取道英国，携手归来

曹天钦原计划到美国哈佛大学工作一段时间再回国。剑桥大学校友、时任中国科学院上海生理生化研究所副所长王应睐给曹天钦写来邀请信，呼唤他回国。于是，曹天钦改变原先计划，决定马上回国参加新中国建设。1981 年五四青年节，谢希德在复旦团委召开的会议上作了以《和青年同志谈谈爱国主义》为题的演讲，谈到回国决定时说："我们觉得在争取祖国解放的日子里，自己出国念书去了，没有做什么，现在国家要医治多年的战争创伤，正需要人去建设，我们还等什么呢？……当时我对马列主义、共产党虽然了解不多，但是我坚信，党是欢迎我们回去的。"

回国不需要理由，但回国的道路并不平坦。按照约定，曹天钦到美国与谢希德举行结婚仪式，然后一起回国。可意外的是，朝鲜战争爆发，美国杜鲁门政府敌视新中国，美国移民局 1951 年下半年发布一项规定，凡在美国攻读理工科的中国学生，一律不得返回中国大陆。经过一番商讨，两人决定申请去英国，然后取道回国。

当曹天钦向英国有关方面提出为谢希德办理赴英签证的要求时，英国方面表示，除非谢希德保证三个月内离开英国，否则不予签证。但是，若做出三个月离开英国回国的保证，又会给谢希德离开美国带来困难。这时，李约瑟伸出援助之手，亲自到英国的内政部（Home Office），以个人名义做出担保，谢希德这才拿到了一张特殊的"旅行通行证"。

但是，有了入境证明，美国若不发给出境证明，谢希德还是到不了英国。于是二人把结婚地点移到英国，谢希德以赴英结婚为理由申请离开美国。最后，谢希德顺利离境，并在赴英的轮船上拿到了正式证明。

离别六年之后，谢希德和曹天钦终于在英国重逢。1952 年 5 月 17 日，他们的婚礼在剑桥大学南边的萨克斯德（Thaxted）大教堂举行，李约瑟为他们的婚礼亲自做执杖司仪。当地报纸也对此作了报道。回国的事也基本安排妥当——曹天钦应王应睐邀请到上海生理生化研究所工作，谢希德则应交通大学周同庆教授之邀，准备到交通大学任教。谢希德把这个喜讯告诉了父亲、继母和弟弟们。遗憾的是，在菲律宾的谢玉铭坚决反对女儿回国，任谢希德怎样去信说服，都不回复。

1952 年 8 月，谢希德乘"广州号"客轮从英国南安普顿港启程，一个多月后到达香港，又经罗湖，在"五星红旗迎风飘扬"的广播声中进入深圳，10 月 1 日到达上海。随后二人即到北京探望阔别多年的家人朋友。

Chin Chin（亲亲），曹天钦寄给在美国的谢希德的明信片

1 Very Tasty，Very Sweet（非常甜蜜）——曹天钦给谢希德的生日祝贺（右图为明信片背面，是曹天钦抄写的歌德的诗）

2 In Clover（感到特别高兴和幸福）——曹天钦给谢希德的生日祝贺（右图为明信片背面，是曹天钦抄写的歌德的诗）

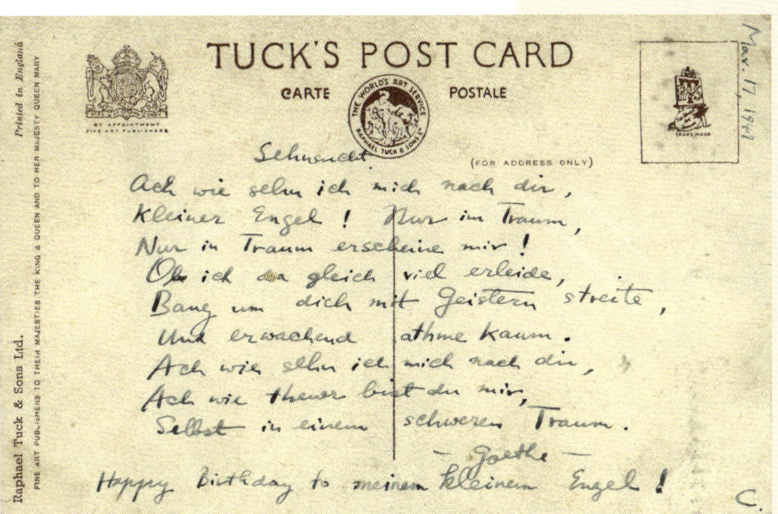
TUCK'S POST CARD
CARTE POSTALE
(FOR ADDRESS ONLY)
Printed in England
Raphael Tuck & Sons Ltd.
Mar. 17, 1948

Sehnsucht

Ach wie sehn ich mich nach dir,
Kleiner Engel! Nur im Traum,
Nur im Traum erscheine mir!
Ob ich da gleich viel erleide,
Bang um dich mit Geistern streite,
Und erwachend athme kaum.
Ach wie sehn ich mich nach dir,
Ach wie theuer bist du mir,
Selbst in einem schweren Traum.
— Goethe —

Happy Birthday to meinem kleinen Engel!
C.

1
2

Ach, wie sehn ich mich nach dir,
Kleiner Engel! Nur im Traum,
Nur im Traum erscheine mir!
Ob ich da gleich viel erleide,
Bang um dich mit Geistern streite,
Und erwachend atme kaum.
Ach, wie sehn ich mich nach dir,
Ach, wie teuer bist du mir,
Selbst in einem schweren Traum.

— Goethe

啊，我是多么把你想念，
小天使！你只在我的梦里，
只在梦里出现在我面前！
尽管我这时会受尽磨难，
为你担忧，与幽灵争斗，
醒来时几乎喘不上气来。
啊，我多么想念你，
啊，你对我多么珍贵，
即使是在一个沉重的梦里。

——歌德

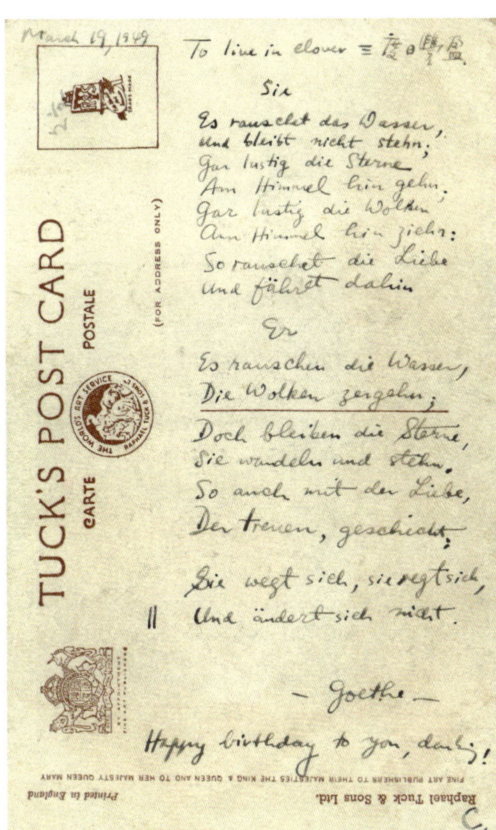
March 19, 1949
To live in clover ≡ 度日[illegible]
TUCK'S POST CARD
CARTE POSTALE
(FOR ADDRESS ONLY)

Sie

Es rauschet das Wasser,
Und bleibt nicht stehn;
Gar lustig die Sterne
Am Himmel hin gehn;
Gar lustig die Wolken
Am Himmel hin ziehn;
So rauschet die Liebe
Und fährt dahin.

Er

Es rauschen die Wasser,
Die Wolken zergehn;
Doch bleiben die Sterne,
Sie wandeln und stehn.
So auch mit der Liebe,
Der treuen, geschieht;
Sie wegt sich, sie regt sich,
Und ändert sich nicht.

— Goethe —

Happy birthday to you, darling!
Raphael Tuck & Sons Ltd.
Printed in England
C.

In Clover 感到特别高兴和幸福

Sie
Es rauschet das Wasser
Und bleibet nicht stehn;
Gar lustig die Sterne
Am Himmel hin gehn;
Gar lustig die Wolken
Am Himmel hin ziehn;
So rauschet die Liebe
Und fähret dahin.

她：
流水潺潺，
不稍加停留；
甚至如天上星辰，
欢快地划过；
甚至如天上浮云
欢快地飘走；
爱，也就这般
径直远去了。

Er
Es rauschen die Wasser,
Die Wolken vergeh'n;
Doch bleiben die Sterne,
Sie wandeln und steh'n.
So auch mit der Liebe,
Der treuen, geschicht,
Sie wegt sich, sie regt sich,
Und ändert sich nicht.

他：
流水潺潺，
浮云飘走了；
然而星辰还在，
它们移步，它们驻足。
爱，也是这样啊，
忠诚者的故事，
它会移位，它会活动，
但永不改变。

——歌德

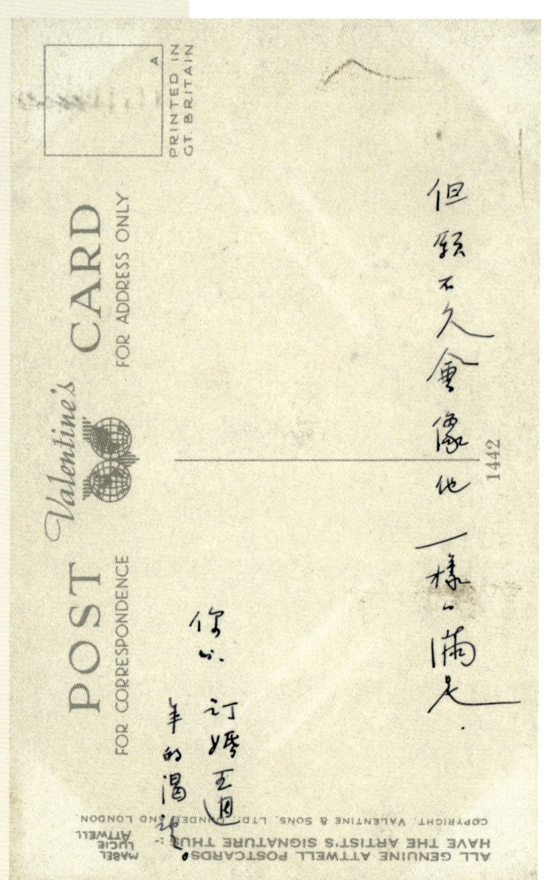

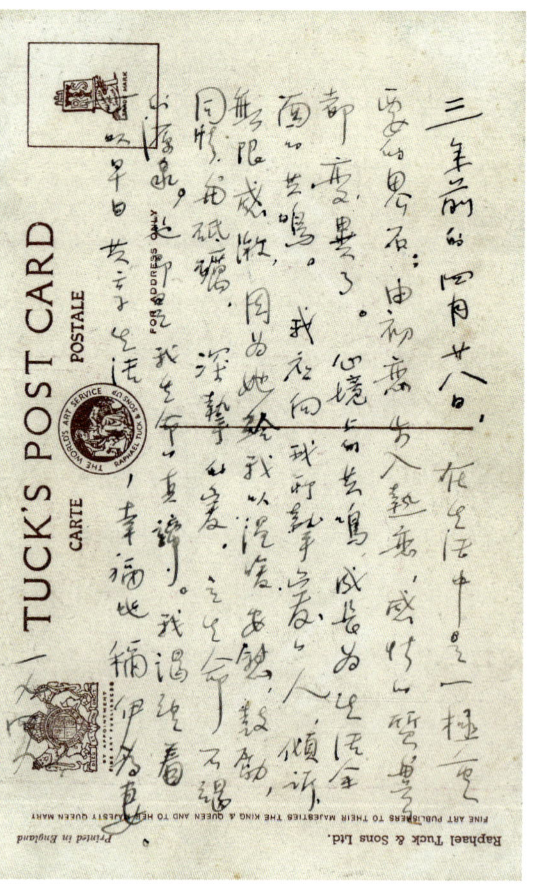

1 Shush（嘘，请安静）（右图为明信片背面）

2 Engaged（订婚了）——曹天钦寄给谢希德的明信片（右图为明信片背面）

1
2

谢希德在婚礼前的待嫁茶会（Bride Shower）上

谢希德在婚礼前的待嫁茶会上

1 谢玉铭准备的谢希德、曹天钦婚礼通知

2 1952 年 5 月 17 日，谢希德、曹天钦与剑桥大学同学陈瑞铭（右）、张友端（左）夫妇合影

1
2

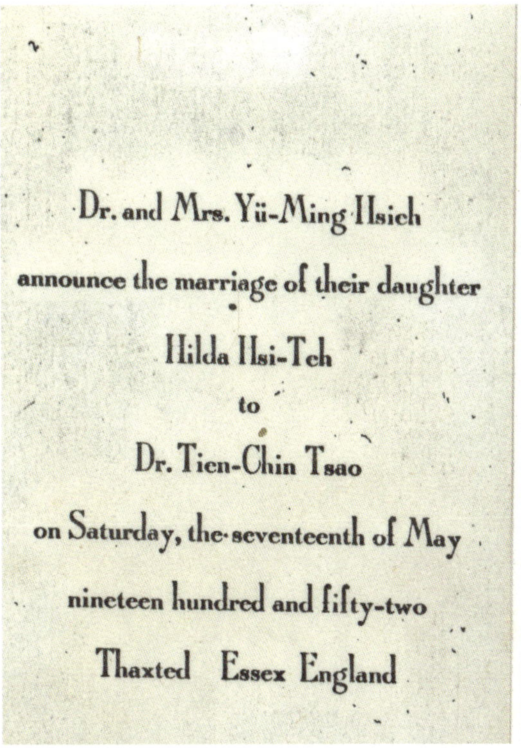

Dr. and Mrs. Yü-Ming Hsieh
announce the marriage of their daughter
Hilda Hsi-Teh
to
Dr. Tien-Chin Tsao
on Saturday, the seventeenth of May
nineteen hundred and fifty-two
Thaxted Essex England

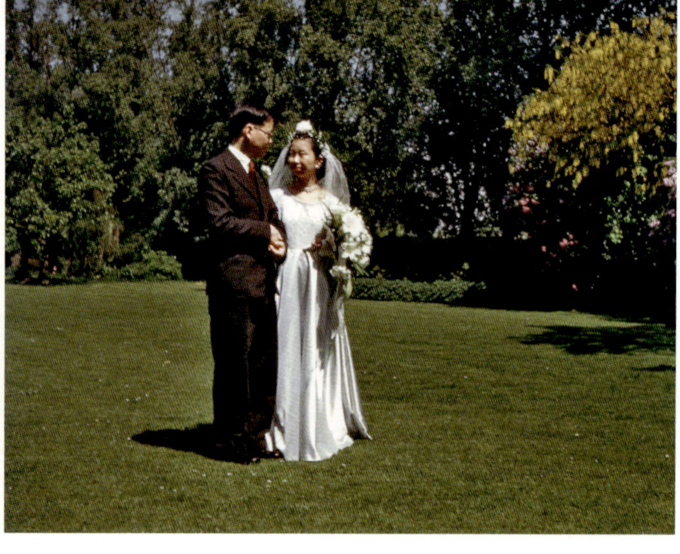

1

2 | 3

1 婚礼前，谢希德、曹天钦与李约瑟夫妇合影

2&3 婚礼前，谢希德、曹天钦在教堂院子中

婚礼前，谢希德在院子草坪上

1 2

3

1 教堂门口

2 进入教堂

3 婚礼仪式开始（前右执仗人为李约瑟）

婚礼仪式——步入教堂

1 | 2
3

1 在等待

2 婚礼进程

3 仪式开始

1
2

1 位于英国埃塞克斯郡萨克斯德的圣约翰教堂（Church of St. John, Thaxted, Essex, England）

2 教堂内景

闲暇时光

在英国旅游

在英国旅游

在英国旅游

在英国旅游

在英国旅游

在英国旅游

在英国旅游

在英国旅游

在英国旅游

在英国旅游

1
2 | 3

1 谢希德回国乘坐的“广州号”客轮

2&3 谢希德在船上留影

回国途经新加坡

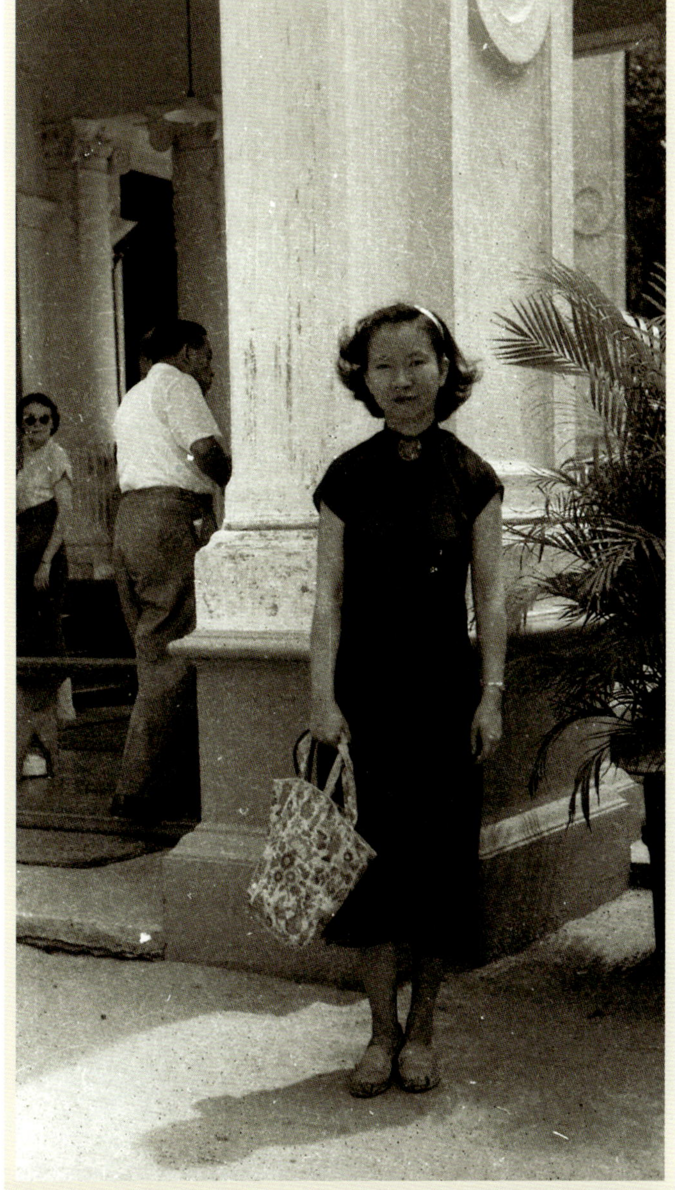

1 | 2

1 回国途经新加坡

2 回国途经印度

投身新中国建设

1952—1977

我觉得自己像一只大雁：

在寒风萧瑟、万木凋零的严冬，不得不离开家园。

如今春回大地，我要振翅飞回故园，去耕耘，去奋斗。

——谢希德

1 | 2
3

1 1952 年 10 月，谢希德、曹天钦在北京留影

2 1952 年 10 月，谢希德、曹天钦在北京与谢希德母亲（中）及弟弟希哲（左 1）、希文（左 2）合影

3 1952 年 10 月 28 日，谢希德、曹天钦与母亲张舜英合影

1 1952 年 10 月 28 日，谢希德与分别多年的母亲张舜英合影

2 1952 年 10 月，谢希德、曹天钦在北京留影

3 1952 年 10 月，谢希德、曹天钦在北京大学留影

1952 年 10 月，谢希德在北京大学留影

1
———
2

1 1956 年前后，谢希德在北京大学工作时期

2 1952 年 10 月 28 日，谢希德在北京与舅母兼老同学全赓珍及其女儿合影

谢希德、曹天钦在杭州留影

1 谢希德、曹天钦与曹天钦大哥曹光锐（后左）及其父母曹敬盘、王桂屏合影

2 谢希德与曹天钦弟弟曹雁行、妹妹曹如宾在北京曹家合影

3 1950 年代，谢希德在北京与母亲、大弟希文夫妇、二弟希仁合影

执教复旦

从北京返沪时，正值全国高等院校院系调整，交通大学物理系大部分并入复旦大学。1952 年 11 月中旬，谢希德便直接到复旦大学报到，从此投身教学和科研战线的紧张工作。

新中国成立之初，百废待兴。高校学习苏联教学体系。复旦大学物理系面临师资力量不足、又需开设许多新课程的困难。谢希德承担起极其繁重的教学任务，从 1952 年到 1956 年，先后主讲了六门基础课和专业课。在教学中她亲自编写讲义，不断补充现代物理学的最新成就。在怀孕待产期，也在家中编写教案让同事去讲授。这使学生们在初学阶段就接触物理学的国际最新动向。她善于组织课程内容，切合学生实际，条理清晰，语言流畅，学生们深得教益。谢希德热爱教学，经常刚开始上一门新课，就编好教材，打好基础，又根据教学的需要，把这门课交给其他年轻的教师接着上，自己去开辟新的领域。

一边教学，谢希德还一边开展科学研究。1954 年，她与方俊鑫等负责筹建固体物理教研室，成为我国固体物理研究的拓荒者之一。1960 年代初，该教研室改名半导体教研室。谢希德与方俊鑫合作编写了《固体物理学》教材，深受各大学师生欢迎。1980 年代，谢希德增写“非晶态物质”一章，系统讲述本学科的基础内容，介绍各主要分支的发展概况，本书重新修订后，被国家教委评为优秀教材。

1956 年 5 月，谢希德和曹天钦不约而同地在同一天被各自单位党支部吸收为中共党员。

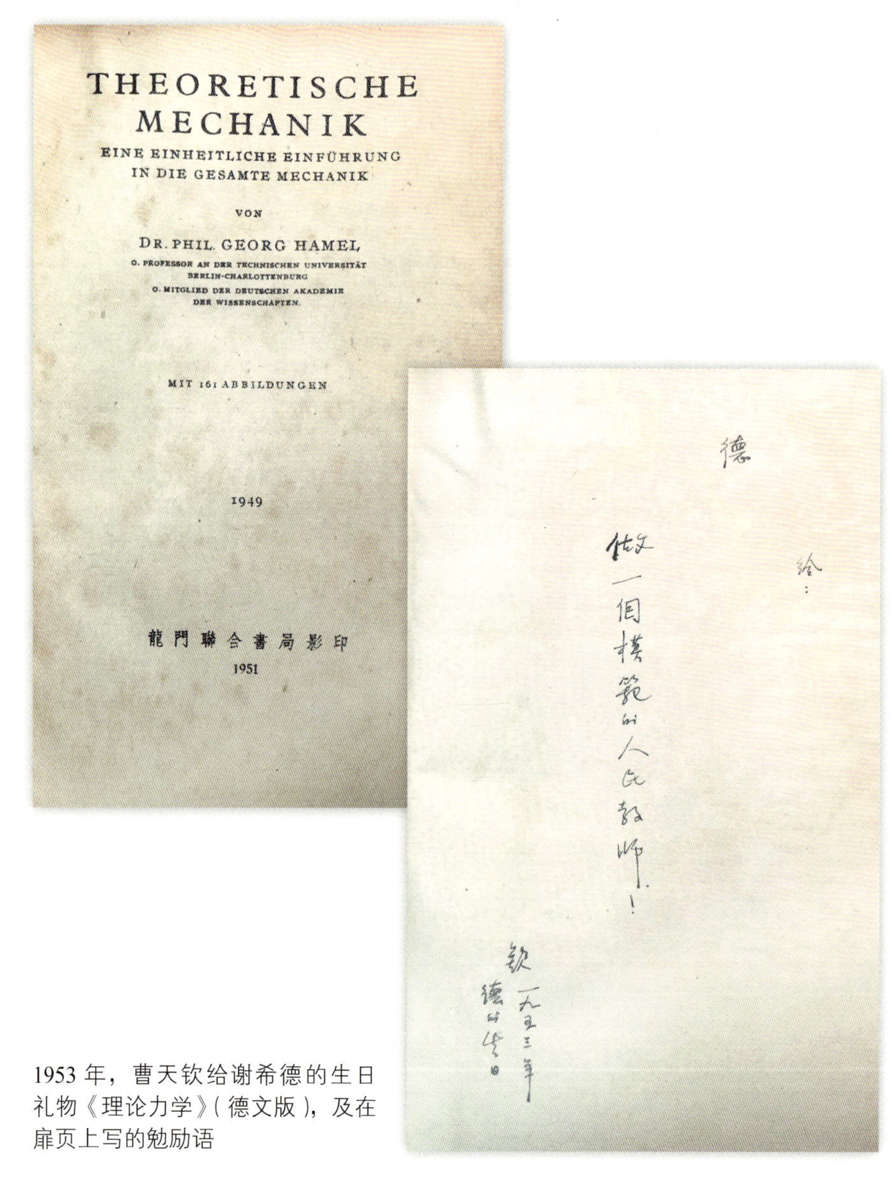
THEORETISCHE
MECHANIK
EINE EINHEITLICHE EINFÜHRUNG
IN DIE GESAMTE MECHANIK

VON

DR. PHIL. GEORG HAMEL
O. PROFESSOR AN DER TECHNISCHEN UNIVERSITÄT
BERLIN-CHARLOTTENBURG
O. MITGLIED DER DEUTSCHEN AKADEMIE
DER WISSENSCHAFTEN

MIT 161 ABBILDUNGEN

1949

龍門聯合書局影印
1951

1953 年，曹天钦给谢希德的生日礼物《理论力学》(德文版)，及在扉页上写的勉励语

1 1953 年，谢希德与复旦大学物理系同事合影

2 1956 年 7 月，复旦大学物理系毕业生暨老师合影（二排左 6 为谢希德）

復旦大學物理系1956年畢業生暨老師合影 一九五六年七月

1960 年，谢希德参加中国友好代表团访问苏联列宁格勒时留影

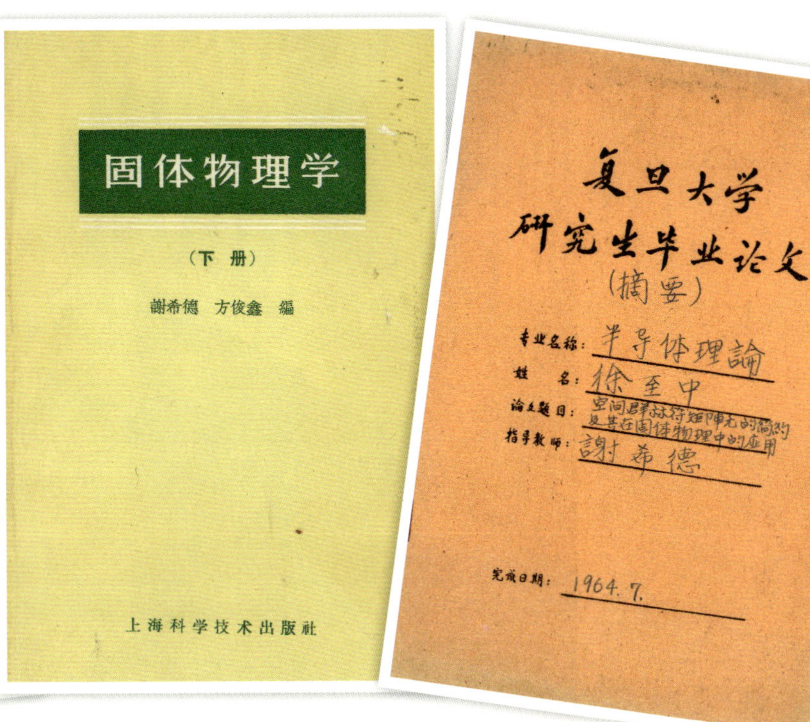

复旦大学
研究生毕业论文
（摘要）

专业名称：半导体理論
姓　　名：徐至中
论文题目：空间群算符矩阵元的简约及其在固体物理中的应用
指导教师：謝希德
完成日期：1964.7.

1 1962 年 11 月，谢希德、方俊鑫编写的《固体物理学》（上册）出版

2 1963 年 10 月，谢希德、方俊鑫编写的《固体物理学》（下册）出版

3 1964 年，谢希德的研究生徐至中的论文

4 1965 年，谢希德与学生王迅夫妇在科学院花园

5 1966 年 1 月，谢希德率领中国固体物理代表团参加会议时，与代表团成员在中国轮船上合影

1 | 3
2 |

1 1966 年 1 月，谢希德作为中国固体物理代表团团长参加学术会议时在英国马克思墓前

2 1966 年 1 月，谢希德率领中国固体物理代表团参加学术会议时与代表团成员在英国格林尼治子午线前合影

3 1966 年 1 月，谢希德作为中国固体物理代表团团长参加学术会议时在格林尼治子午线前

1 1966 年 7 月，谢希德出席在人民大会堂举行的北京科学讨论会暑期物理讨论会

2 曹天钦 1960 年代初在复旦大学生物系讲课时使用的复旦大学临时出入证

3 谢希德的教学参考书

4 谢希德与陈辰嘉（北京大学，右 3）、王迅（复旦大学，右 2）、张光寅（南开大学，右 1）等合影

根据过渡时期总路线，国务院在1956年制定《1956—1967年科学技术发展远景规划》，半导体与原子弹、导弹、计算机等被列为最紧要项目之一。1956年秋，北京大学、复旦大学、南京大学、厦门大学、吉林大学五所大学物理系的部分师生汇集北京大学，共同创办联合半导体专门化。北京大学物理系黄昆任主任，谢希德任副主任。黄昆是我国半导体物理学和固体物理学奠基人之一，1951年从英国利物浦大学回到北京，执教于北京大学物理系。

黄昆、谢希德除了对专业进行整体规划和具体领导外，还亲自为大学生讲授“半导体物理”课程，指导学生毕业论文，为研究生和青年教师开设科学专题，并分别主持电子–晶格相互作用与能带理论的研究工作。

在黄昆、谢希德的领导下，五校30多名教师和实验技术人员通力合作，自1956

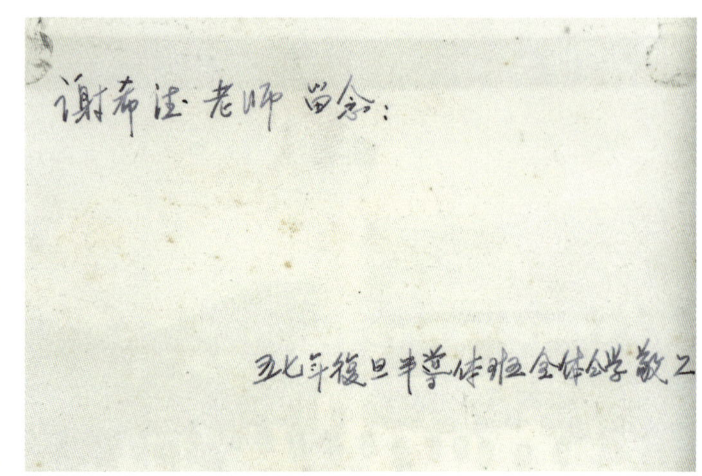

1957年8月，复旦大学物理系半导体专门化毕业生在北京大学合影（上图为照片背面）

年秋季开始，没有经过任何筹备阶段，就开设出“半导体物理”“半导体器件”“晶体管原理”“半导体材料”“固体物理”“半导体专门化实验”等系列课程。除教学外，教师们还分别在半导体物理、半导体理论、半导体器件物理和工艺等方面开展研究工作。

在北京大学这段日子，谢希德把主要精力投入《半导体物理学》的编写中。由于半导体物理学是一门新兴学科，此时国内包括国际上还没有专门的教科书。这本结合教学经验写成的、介绍半导体一般物理原理的教科书，系统阐释了正在迅速发展的半导体物理学科的基本物理现象和理论，是中国半导体领域最早的一本专门著作，在国际上也属于高水平的著作。很长一段时间内，该著作成为中国半导体科学技术各个专业研究人员的基本参考书，也是被广为使用的、培养半导体学科专门人才的标准教材。

1956—1958 年，五校联合培养了中国第一批半导体专业毕业生 300 多名，他们成为我国新兴半导体事业的第一批骨干力量，对从无到有建立和发展我国半导体科学技术、推动我国半导体专业的教学与科研、推动我国半导体产业的发展，起到了不可磨灭的作用。

1957 年除夕，五校半导体联合教研室教员欢送李克诚同志下乡留影

1957 年，谢希德与半导体专门化组的同事在北京大学校园合影

1 谢希德在北京大学校园内留影

2 北京大学工作时期，谢希德在颐和园留影

3 谢希德在北京大学留影

4 1959 年，谢希德编的《半导体理论》(油印本封面)

5 1959 年，谢希德编的《半导体理论》(目录页)

6 黄昆、谢希德编著的《半导体物理学》

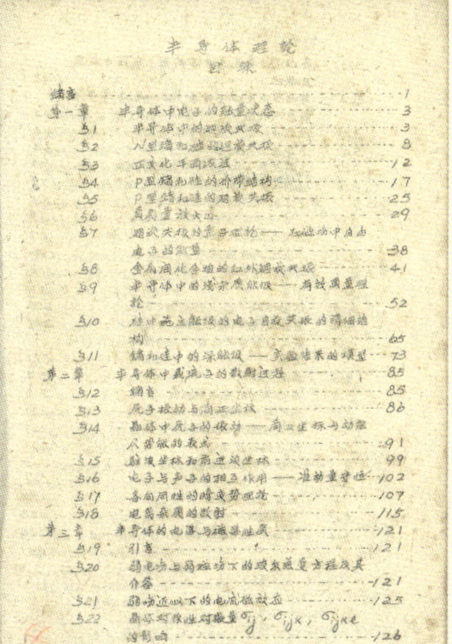

半导体理论

目录

中国半导体物理学科的奠基者

母亲

1956 年，谢希德与曹天钦的儿子曹惟正出生。取名“惟正”是为了纪念曹天钦的老同学吴惟正，他解放前夕因为护厂被特务杀害。当谢希德受命赴北京大学时，儿子出生才五个月。为了科学事业，谢希德把爱子交给曹天钦照料，曹天钦毫无怨言地承担起既做爸爸又做妈妈的双重责任。为了能让谢希德看见爱子成长的每一步，曹天钦拍了许多照片，曹惟正回忆，“有一次，妈妈看到爸爸附在信中的一张照片中，我的小鞋子上的鞋带没有系好，她开玩笑地在回信中说爸爸‘失职’了”。谢希德把全部时间和精力都奉献给了半导体物理学事业，成为我国半导体物理学的创始人、奠基人之一，美国人称她为“中国半导体科学之母”。

1958 年 5 月，谢希德由于肾结石要动手术，提前从北京返回上海，结束了近两年的燕园时光。

1 1956 年，儿子出生不久后的全家照

2 1957 年 12 月 28 日，谢希德一家在家中合影

1958 年 11 月 20 日，与儿子的亲子时光

全家福

1 | 3
2 |

1 谢希德与儿子曹惟正在科学院大院中留影

2&3 谢希德与儿子于中苏友好大厦（现上海展览馆）留影

谢希德与儿子在科学院大院中

谢希德与儿子在科学院大院中

“中国半导体科学之母”

返沪后，谢希德被任命为复旦大学物理系固体物理教研室主任，着手组建以半导体为主的固体物理专门化组。

1958 年夏秋之交，在国际上半导体研究开始繁荣、半导体产业刚刚起步发展之际，以中国科学院和复旦大学联合创办的模式，谢希德受命创建上海技术物理研究所并担任副所长，直至 1966 年。

谢希德带领 20 多名复旦大学物理系学生和青年教师白手起家，开始了半导体材料、半导体器件物理，包括低温和高压下的半导体物理，以及固体物理的其他相关学科和应用的课题研究。1959 年，谢希德又领导创办上海技术物理学校，招收上海同济中学两个班级的毕业班学生入学培训，学习半导体科学技术的基本知识，毕业后分配到所参加研究工作。经过一段时间的艰辛创业，上海技术物理研究所初见雏形。

谢希德始终抓住人才培养这一核心环节，从研究所初创起，就十分注意学风建设和青年研究人员的思想品德修养。对实验结果，她苛求多次重复以找出规律；对科技论文，她逐字逐句斟酌修改；她劝导课题组长要先人后己，正确对待名誉和利益。对提前毕业参加研究工作的大三、大四学生和技术物理学校的优秀毕业生，谢希德安排他们补修完大学本科课程；对其中少数人，谢希德就像培养在职研究生那样，安排他们修完由她主讲的研究生课程，并具体指导其研究工作。谢希德还选送年轻人赴京，到当时研究水平较高的中国科学院物理所、电子所等地进修。她还利用自己的影响，寻聘国内知名科学家，对口指导青年科技人员。在她精心指导和组织下，上海技术物理研究所应用技术和基础研究并重，培养了一大批人才。

1960 年代初，上海技术物理研究所开始承担国家重点研究项目，包括基础研究项目的固体能谱课题和应用研究项目的红外遥测装置，并在 1963 年中国物理学会大会上报告研究成果，在国内研究机构中崭露头角。1985 年 8 月，上海技术物理研究所物理研究室组建为中国科学院红外物理开放实验室，并于 1989 年成为国家重点实验室，谢希德一直担任实验室学术委员会委员。那时，她担任中共中央委员、复旦大学校长和上海市政协主席等要职，但从不因工作繁忙、年老体弱或位尊权重而缺席，始终以普通委员的身份参加每一次学术委员会会议。

1962 年，在广州举行的国家科学研究规划会议上，谢希德和黄昆联名建议开展固体能谱研究，这对发展新材料和新器件具有指导意义。国家科学技术委员会经过审核，很快将它列为国家基础研究的重点项目（国重 26 号项目），决定项目由北京大学、复旦大学、南京大学共同承担。在她领导下，复旦大学建立了顺磁共振、红外光谱和强磁场等先进实验技术，上海第一套液氦装置开始在工厂加工。由于“文革”的来临，该项目最终夭折。

1962 年谢希德晋升为教授。她为研究生开设“半导体理论”和“群论”课，编写讲义，指导研究生从事空间群矩阵元选择定则、应变条件下半导体载流子回旋共振理论，间接隧道效应理论、半导体能带计算等课题。1966 年 1 月，谢希德率团参加英国固体物理年会并宣读论文。1966 年夏，在北京召开的亚非科学讨论会上，她作了《能带计算成果》的报告。1986 年，谢希德对群论讲义进行修改，写成专著《群论及其在物理学中的应用》。

谢希德在家工作

1 | 3
2 |

1 1961 年，谢希德、曹天钦于科学院小花园留影

2&3 1961 年 2 月，谢希德在广州参加第二次全国科学规划会议

1961 年 2 月，谢希德在广州参加第二次全国科学规划会议

1《科学家谈 21 世纪》（1959 年 9 月第 1 版）封面

2&3 谢希德撰写的科普文章《半导体的将来》

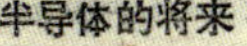

半导体的将来

谢希德

（上海复旦大学物理系副教授）

你們已經不只一次听到半导体这个名詞了吧！可是什么是半导体呢？

要談半导体，得先談談什么叫导体。一句話，凡是能够引导电流的物質，叫做导体。我們日常用的电綫，都是用导电本領很好的金属做成的，可是电綫外面的橡皮，却是一种不能导电的絕緣体。半导体导电的本領既不象金属那么好，但也不象絕緣体那么坏，它导电的本領正好在金属和絕緣体之間。所以人們給它起个外号——"奇妙的半导体"。可是，半导体还有个特性：如果受到温度、杂質等的影响，会大大地改变它的导电本領。

大約在 10 年前，人們利用半导体晶体管，代替真空电子管。这种晶体管体积小、重量輕、寿命长，而且結构坚固。在短短的 10 年中，晶体管的产量有了迅速的增加。不仅是半导体晶体管，就是利用半导体作成的其他东西，在人們的日常生活、經济建設以及軍事等方面，都起了很大的作用。

使你高兴的是，到 21 世紀时，汽車里面都将装有半导体晶体管的自动控制設备。汽車在公路上奔馳，不会違反交通規則和发生任何事故。同时在馬路上，也不再听到汽車喇叭的吵鬧响声。

· 65 ·

那时候，晶体管的記录仪，能准确地記下有关气象的各种数据。根据这些数据，用晶体管作成的电子計算机，就可以精确地预测天晴或天雨，因此人們不再怀疑天气預报的准确程度了。那时候，每家都装有半导体的致冷机，不管室外多么热，室内却保持在攝氏 20 度的温度。这种致冷設备非常輕便，沒有笨重的机器，是用两种半导体接联在一起做成的，通过电流便会产生致冷的效应。这种装置在夏天可以致冷，到了冬天，只要将电流方向反轉，就能够放出热气，因此室内可以四季如春。

无人管理的車間，对于 21 世紀的人們，已是习以为常的事情。各种专用的半导体电子計算机，是这个工厂中生产自动化的工具，它們自动地控制了几十台，甚至几百台的車床；不仅可以自动地控制整个車間中的生产过程，而且在生产过程中产生障碍时，它会发出紧急的信号，或自动将車床停止；它們还可以帮助工厂的負責人制訂生产計划，对产品进行分类与檢查。

那时候，也許你有机会参加这样一个集会：欢迎从月球上归来的地球代表团。这是一个全球的广播大会，台前有一个巨大的电視机，在銀幕上可以看到正在向地球飞行的飞机。在飞机上装有由許多体积很小而耐振动的半导体元件組成的信号装置、測量設备和控制仪器，依靠这些設备，飞机可以与地球和月球保持联系，并能随时記录下周圍环境变化的情况。飞机中的电源，来自半导体的阳光电池。由于新半导体材料的发現，它們能以相当高的效率，将太阳能轉成电能。

你們戴上很小的半导体助听器，这时翻譯机器会帮助你們翻譯出各国代表們这次旅行的感想。由于利用了大量的半导体晶体管，翻譯机只有写字台那么大，可是它能翻譯出任何国家的語言。

当人們在銀幕上看到自己敬爱的代表时，全場响起雷声般的掌声，每个人都希望自己也能作类似的旅行。因为苏联最先为宇宙航行創造了条件，因此宇宙机場設在莫斯科。飞机将着陆了，它是在严格的自动控制下进行的。这时代表們臉上露出了愉快的笑容。虽然是长途旅行，由于条件的优越，他們却絲毫不感到疲劳。

半导体元件在生产自动化与电气化、宇宙旅行、以及提高人类生活水平中，都起了重大的作用，許多先进国家都非常重視半导体的发展。为了加速我国的社会主义与共产主义建設，我們必須迅速地发展半导体事业，使半导体这門新的技术，在我国早日开花結果。

· 67 ·

1 | 2

1 谢希德与曹天钦妹妹曹如宾（摄于中科院小花园中）

2 谢希德在科学院大院中

第 14 卷 第 3 期 1958 年 5 月 物理學報 ACTA PHYSICA SINICA Vol. 14, No. 3 May, 1958

能帶理論的進展*

謝希德

(復旦大學)

第 21 卷 第 3 期 1965 年 3 月 物理学报 ACTA PHYSICA SINICA Vol. 21, No. 3 March, 1965

空間羣不可約表示对称冪及反对称冪的簡約*

陈孝琛 谢希德

(复旦大学物理系)

第 20 卷 第 10 期 1964 年 10 月 物理学报 ACTA PHYSICA SINICA Vol. 20, No. 10 October, 1964

空間羣的选择定則*

谢希德 陈孝琛

(复旦大学物理系)

第 19 卷 第 2 期 1963 年 2 月 物理学报 ACTA PHYSICA SINICA Vol. 19, No. 2 Feb., 1963

隧道二极管伏安特性的温度关系*

谢希德 谢行濱 施錦行

第 21 卷 第 4 期 1965 年 4 月 物理学报 ACTA PHYSICA SINICA Vol. 21, No. 4 April, 1965

空間羣算符的矩陣元*

徐至中 谢希德

(复旦大学物理系)

1	2	3
5	4	

1 谢希德的论文《能带理论的进展》1958 年 5 月发表于《物理学报》

2 陈孝琛、谢希德合作的论文《空间群不可约表示对称幂及反对称幂的简约》1965 年 3 月发表于《物理学报》

3 谢希德、陈孝琛合作的论文《空间群的选择定则》1964 年 10 月发表于《物理学报》

4 谢希德、谢行滨、施锦行合作的论文《隧道二极管伏安特性的温度关系》1963 年 2 月发表于《物理学报》

5 徐至中、谢希德合作的论文《空间群算符的矩阵元》1965 年 4 月发表于《物理学报》

1 | 2 | 3
4

1&2 1983 年 11 月，中国科学院技术科学部组织评议上海技术物理所，谢希德为评议组三位主评人之一（王大珩、谢希德、林兰英）

3 1993 年正月初二，上海技术物理研究所同仁赴谢希德家中拜年（从左至右：郑国珍、傅柔励、糜正瑜、谢希德、唐文国、刘普霖、沈学础）

4 1983 年秋，上海技术物理研究所同仁在该所器件楼前合影，谢希德（前排右 4）、上海技物所杨惠芳（复旦大学 1965 届毕业生，前排右 3）、上海技物所三室主任吴增烈（复旦大学 1958 届毕业生，前排右 1）、上海技物所副所长李茂林（后排右 2）、上海技物所科研计划处处长徐如新（后排右 3）

1983 年秋，谢希德在上海技术物理研究所参观实验室，该所三室主任吴增烈正在介绍该室的科研工作

艰苦的十年

磨难

1966 年“文革”风暴开始，谢希德从事的固体能谱研究被批判为推行修正主义路线，她被戴上了“反动学术权威”的帽子。就在这时，谢希德被确诊为乳腺癌，做了左乳房根除手术。术后仅休息两个月，她就被迫到学校继续参加“运动”。

1968 年，曹天钦被隔离审查，关进“牛棚”，谢希德进入学校的住校“学习班”，不许回家。家中保姆因受到牵连而自杀。1968 年 12 月，谢希德被正式隔离审查。具有讽刺意味的是，关押谢希德的“牛棚”，便是她提倡修建的低温物理实验室。这年年底，谢希德戴着“帽子”，被允许回家了，但遭到了一系列禁令：不准接触半导体科学研究、不准出席外单位邀请参加的学术会议、不准订阅国内发行的科技刊物。她只能做清扫物理楼女厕所的工作。多年以后，一起经历过“文革”的复旦人提及那段记忆，还是心酸不已：“物理楼的厕所是全校最干净的，因为那是谢希德打扫的。”不久，她又被送到农村劳动数月，1970 年才回到学校，被安排到校办工厂磨硅片。谢希德右腋表皮下又发现一个小肿块，手术切片证实为恶性，医生诊断为很可能是从左面转移过来的。一天晚上，谢希德想着想着就哭了，但不一会儿，她对儿子说：“我不能这样悲观，虽然我们不知道你爸爸什么时候会回来，但他总有一天会回来的。我一定要治好病看到你爸爸回来。”怀着这样坚强的信念，谢希德开始了第二次放疗和化疗。由于“问题”还没有解决，谢希德术后只在家休息了几天，就被迫回到车间里从事体力劳动。

1972 年，谢希德的审查因“事出有因，查无实据”而被“挂起来”，她被允许给工农兵学员上课了。谢希德得以再次回到半导体领域，首先从了解 70 年代半导体研究现状开始，编写新的半导体讲义。

1976 年夏，谢希德胸部右侧又发现疑点，她开始第三次与癌症的斗争。深度 X 射线照射、大剂量化疗使她非常痛苦，治疗后期，每次治疗后都引起反应性呕吐、白细胞大量减少、身体浮肿。政治上无休止的迫害、三次复发的癌症都没有打垮她。最终，谢希德凭着坚定的信念、顽强的意志，以及对事业的无限热爱，又一次地闯了过来，癌肿块在放疗化疗作用下消失了。

慰藉

1972 年开始，谢希德逐渐恢复工作。为了追回失去的时间，她拖着虚弱的身体，到处收集新资料。为了解国外半导体物理新动向，谢希德每周末都会去上海外文书店购买或订阅国外半导体物理的最新杂志和参考书。在大动乱的恶劣环境中，谢希德开始向崭新的学术领域——表面物理攻关，通过从书本中吸取新知识，转移了她一部分精神和肉体上的痛苦。

谢希德时刻没有忘记母亲的责任，儿子给她黯淡的生活以色彩。在谢希德指导下，儿子学会了组装从单管机到四管、八管的晶体管收音机。她在教儿子组装收音机的过程中，暂时忘却了不能正常教学的痛苦。

“文革”后常有外国朋友问谢希德，从海外回国，却在“文革”中吃了那么多苦头，不后悔吗？谢希德回答得坦然：“不后悔！我从海外归来参加祖国建设，走的是一条正确、光明的道路，我为能亲身参加祖国的社会主义建设而自豪，虽然遭受不幸，但与国家所受的损失相比要小得多，个人的恩怨比起我们的事业，算得了什么呢？”

1971 年 8 月 7 日，曹天钦被解除三年的隔离审查，全家在上海人民照相馆拍照留念

1 1970 年代，谢希德夫妇在家工作

2 1970 年，谢希德全家摄于建国西路住宅四楼大晒台上

3 1976 年，谢希德夫妇与母亲及大弟希文全家、小弟希哲摄于北京曹天钦母亲家

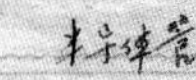

半导体管

国产半导体器件的命名法

根据国家科委1964年2月07日颁发的GB 249-64号国家标准的规定，半导体器件的型号命名由4个部分组成，具体如下。

第一部分 阿拉伯数字代替半导体器件的电极数
2 二极管 3 三极管
第二部分 汉语拼音字母表示半导体器件所用的材料及极性
A N型锗 C N型硅
B P型锗 D P型硅
第三部分 汉语拼音字母表示半导体器件的类型
P 普通管 C 参量管 S 隧道管
X 低频小功率管 V 微波管 Z 整流管
U 光电管 W 稳压管 L 整流堆
K 开关管
G 高频小功率管 D 低频大功率管
A 高频大功率管
T 可控整流管
第四部分 用阿拉伯数字表示序号，以区别同一类型不同规格的管子。

3AG11-14

用万用表识别三个极的方法。
1) 把万用表的开关拧到测电阻的×1000的档上。
2) 把万用表负端的试笔（黑色试笔）放在中间电极上（集电极）
3. 把万用表正端试笔（红色试笔）去接触二个未知的电极
电阻大的是发射极
电阻小的是基极。

检查晶体管的好坏。

晶体管	反向电阻			正向电阻		
	测量点	欧姆表试笔	电阻值	测量点	欧姆表试笔	电阻值
3AG11 高频管	基极	−	3M以上	基极	+	200−
	集电极	+		集电极	−	
	基极	−	20−50K	基极	+	200
	发射极	+		发射极	−	
3AX1 低频管	基极	−	3M以上	基极	+	200
	集电极	+		集电极	−	
	基极	−	2M以上	基极	+	200−
	发射极	+		发射极	−	

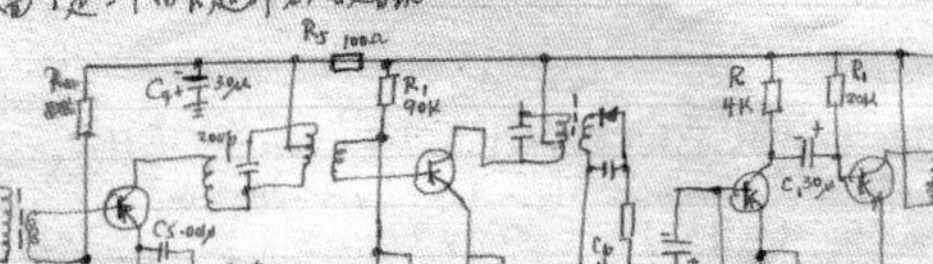

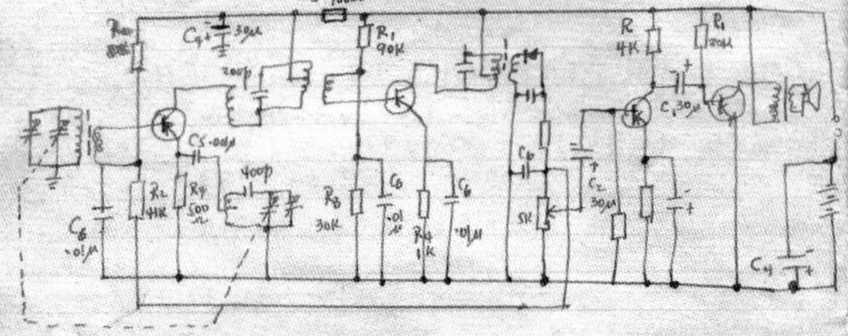

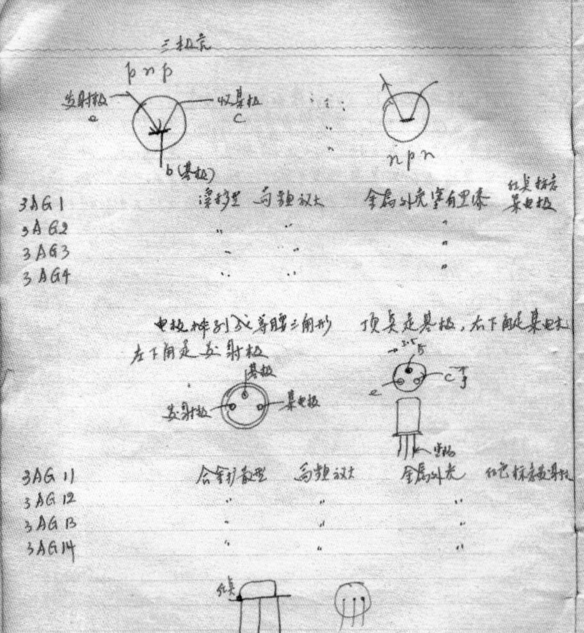

1 教儿子怎样区分晶体管的类型

2 教儿子怎样测二极管的指导

3 给儿子画的三极管示意图

4 给儿子画的四晶体管收音机的线路图

本市

外文书店零寄整付
国内邮资已付
上海邮局(戊)

收

上海 外文书店

地 址：上海山东中路201号

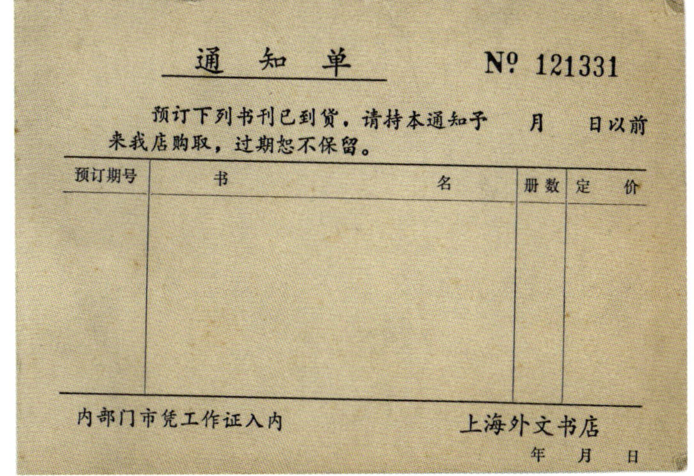

通 知 单　　№ 121331

预订下列书刊已到货，请持本通知予　月　日以前来我店购取，过期恕不保留。

预订期号	书　名	册数	定　价

内部门市凭工作证入内　　上海外文书店

年　月　日

1 | 2

3

1 外文书店订书卡

2 外文书店订书卡背面

3 "文革"期间，谢希德、曹天钦购买外文书刊的上海外文书店（内部书店位于二楼，后迁至山东路福州路）

从复旦走向世界

1977—2000

组织上决定由我担任复旦大学校长。我既感到荣幸，也感到担子很重。论经验和威望，我都不能同前两任校长陈望道教授和苏步青教授相比；但是，作为一个共产党员，我有决心在有限的任期内，在各方面的支持下，充分发挥学校的有利条件，依靠集体的力量，完成党组织交给我的任务。

——谢希德　一九八三年

1980 年代，谢希德在表面物理实验室

开拓新领域

“文革”之后，物理学界有个说法，说我们睡了十年觉，一觉醒来发现在物理学领域出现了一片以前没有的森林。这片森林就是表面物理学。这是一门介于表面物理、表面化学和材料科学之间的边缘学科，国际上刚刚兴起，它可能对钢材的耐腐蚀、新能源的开发、新材料产业的建设、半导体器件工艺的改造和催化等方面产生举足轻重的影响，但国内对此几乎一无所知。谢希德不满足已有的成就和荣誉，在中国率先提出要开展表面物理研究。她认为，科学研究真正需要的是发展思维、发展远见和始终一贯的发展勇气，发展是开拓，是不避艰难险阻、坚韧不拔投入其中的创造，也是长盛不衰的学术生命力所在。

在 1977 年 11 月召开的全国自然科学规划会议上，谢希德以令人信服的材料，提出填补我国表面科学空白、及时发展表面科学的建议，得到与会专家们的一致赞同和国家科委、高教部的支持。返回复旦大学后，她立即着手筹建以表面物理为研究重点的复旦大学现代物理研究所。在她的推动下，其他许多单位也开展了这方面的研究，国内表面科学的研究渐成规模。

1990 年，复旦大学表面物理实验室经批准建设为“应用表面物理国家重点实验室”，并于 1992 年通过国家验收。谢希德和她直接领导的理论组在“半导体表面电子态理论”“镍硅化合物和硅界面理论研究”“金属在半导体表面吸附及金属与半导体界面电子特性研究”及“量子器件与异质结构电子性质的理论研究”方面取得了出色成果，获得国家教委科学进步二等奖四项。1997 年，谢希德获得何梁何利基金科学技术进步奖。她还多次为表面科学方面的权威刊物 *Progress in Surface Science* 撰写综述论文。1998 年，由谢希德、陆栋主编的《固体能带理论》出版，受到同行好评，并于次年获得“全国优秀科技图书奖”暨科技进步奖二等奖。

在纪念老师谢希德的文章中，王迅院士写道：“谢先生始终站在科学发展的最前沿，她对国际新的动向是非常敏锐的。她每年要去参加一次美国物理学会‘三月会议’，她要把那边最新的一些动向介绍给我们。每一次参加会议回来，必定在复旦大学作一次报告，介绍新的发展动向。”1982 年，美国著名物理学家沃尔特·科恩（Walter Kohn）来华讲学，回国后评论说：“谢希德教授作出了明智的选择，在复旦大学开展表面物理的研究。”正如诺贝尔奖获得者、华裔科学家崔琦所言，谢希德是中国表面物理学的先驱和开拓者。

1
———
2

1 1999 年 11 月，谢希德与应用表面物理实验室全体同仁合影

2 谢希德、张开明（右）、叶令（左）在办公室

1 谢希德与同事陆栋（右）、梁励芬（左）讨论工作

2 谢希德与表面组实验室丁训民在实验室

谢希德在办公室与同事讨论工作

1978 年 8 月，在庐山举行的中国物理学会年会固体物理会代表合影

1981 年，固体物理教材指导会议在复旦大学召开，谢希德（前排左 5）、方俊鑫（前排左 4）、荀清泉（前排左 6）

1990 年 7 月 2 日至 6 日，谢希德在日本大阪参加“表面：一种新材料”第 26 届 YAMADA 会议

1 | 2

1 1991 年 11 月，第八届全国半导体物理会议

2 1984 年 11 月，谢希德在西安参加中国物理学会第三届表面与界面物理学术会议

表面与界面物理学术会议 1984.11.西安

1989 年 11 月，第七届全国半导体物理会议代表合影（前排右 12 为谢希德）

理会议代表合影 1989年11月于华东师范大学
D102

1986 年 10 月，我国半导体专业创办三十周年学术报告会代表合影（前排右 8 为谢希德）

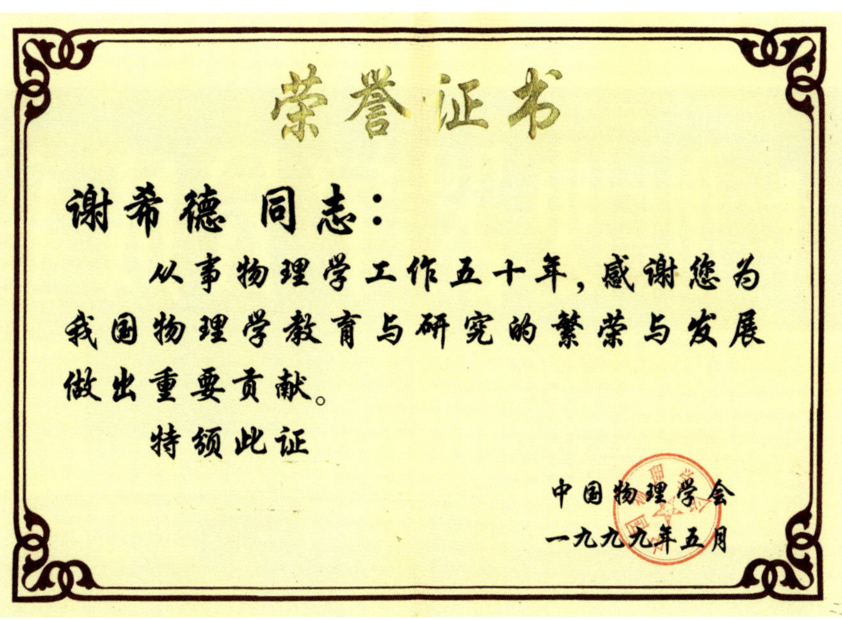

荣誉证书

谢希德 同志：

从事物理学工作五十年，感谢您为我国物理学教育与研究的繁荣与发展做出重要贡献。

特颁此证

中国物理学会
一九九九年五月

1 谢希德从事物理学工作五十年荣誉证书

2 1987 年，谢希德在亚太地区表面物理会议上致词

3 1981 年，谢希德参加同济大学波耳研究室第一次固体物理专题讨论会

1980 年 10 月 20 日，谢希德（前排左 15）参加中国粒子加速器学会成立大会

暨学术交流会全体成员留影 1980·10·20

新中国第一位女大学校长

教育者

谢希德不仅是著名的物理学家，还是杰出的教育家，为国家培养了大批优秀的科技、教育和管理人才。

谢希德是一名严师。学生沈丁立回忆，“谢先生极其认真地指导我写的每一篇论文，修改的笔迹遍及文章每一页”。在博士专业课上，谢希德对学生采取特殊规定：若分数为“及格”，也做不及格处理，来年再考。学生资剑递交的一篇英文论文，经批改后，空白处都被写满了意见，内容竟超出原文几倍，连英文字母大小写、单复数都一一指正。

谢希德对自己的要求严格得近乎苛刻。正因为如此，她的一言一行都成为学生的典范。谢希德的腿不好，然而作报告、上课，不管多长时间，她总是坚持站着讲。和她接触过的人都为她严谨缜密的科学精神和认真细致的工作作风所折服。谢希德从不对学生说教，她用自己的言行为学生树立了榜样，她虚怀若谷的品格春风化雨，对学生影响深远。

作为女性，她对女学生的发展与成长特别关注。不少女孩子有学知识、学技能不如吃青春饭能多赚钱的想法，她听说后非常难过。她认为青春是短暂的，容貌的美会随岁月的流逝而消失，靠此而得的财富也不会长存，如果能珍惜短暂的青春，努力掌握知识和技能，这些财富才是永恒的，“要根本解决有些女孩子提出的问题，最重要的是要进行正确的人生观与道德观的教育……应该在舆论上弄清是非，提倡靠诚实劳动去赚钱，以出卖人格当‘商品’为耻”。

她经常以自身的经历，引导青年师生要热爱祖国，“爱祖国是一切‘爱’之本”。她勉励青年学子树立正确的人生观，自立自强，不要对前途迷惘而虚度年华，而要开拓横向知识面，增加纵向知识量，广泛涉猎各种书籍，用实际行动为国出力：“我们要正视现实，肩负起建设未来的责任。因为这是我们的时代，祖国富有了，我们才是真正的富有者。”她热情地与大朋友、小朋友们谈知识，撰写了《和青年同志谈谈爱国主义》《学以致用 促进“四化”》《为振兴中华而学习》《青年应成为有益于人民的人》《从大学新生看中学阶段品德教育的重要性》《努力掌握知识和技能》《讲究方法多收益》等文章，跟他们分享学习方法和态度。

谢希德培养了一批又一批的优秀学生，一个个年轻学者成长为学科带头人，挑起学科建设发展的重任。许多研究生经谢希德推荐，到国外学习深造，并放弃了种种优越条件，毅然回国开创事业。2000 年 2 月，为褒扬谢希德为教育科学事业所作出的卓越贡献，激励青年学子为建设祖国勤奋学习，复旦大学设立“谢希德奖学金”。

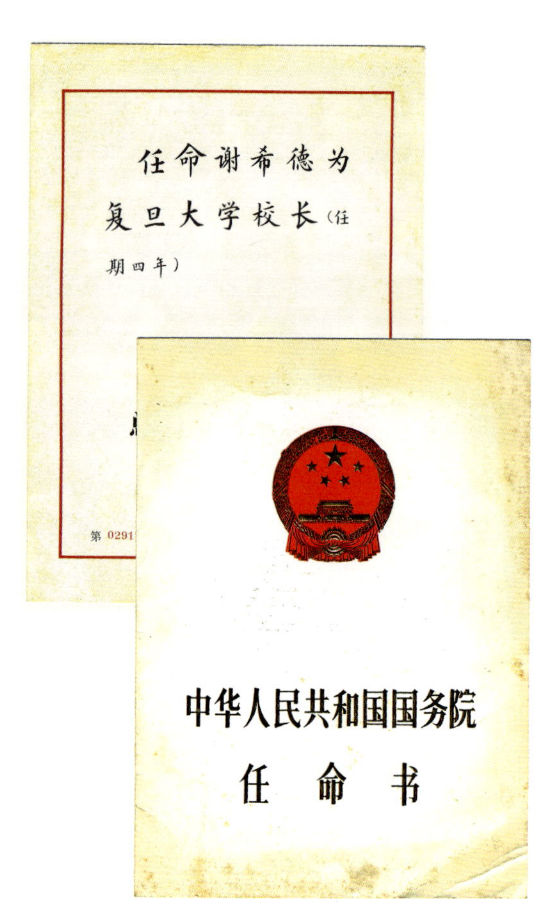

任命谢希德为

复旦大学校长（任期四年）

第 0291

中华人民共和国国务院

任命书

中华人民共和国国务院任命书

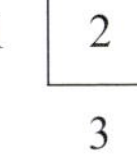

1 1984 年，谢希德与研究生交谈（从左至右：沈静志、谢希德、田曾举、资剑、唐少平、王磊）

2&3 1991 年，祝贺谢希德从事科研教学工作 40 周年固体物理学术报告会

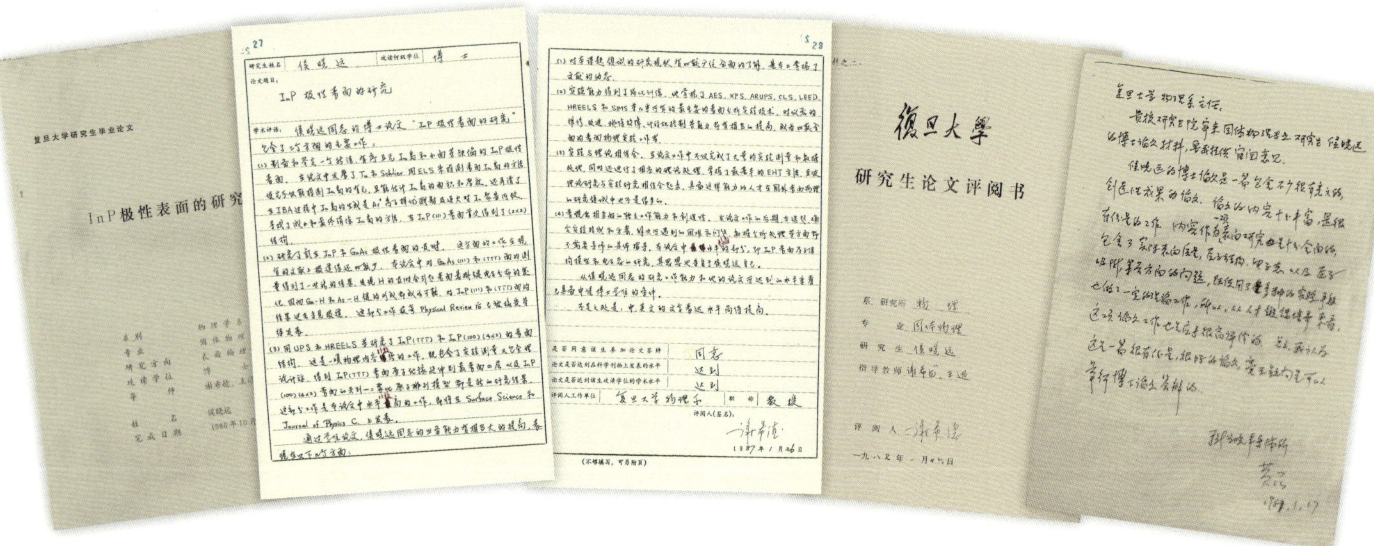
复旦大学研究生毕业论文

InP极性表面的研究

復旦大學

研究生论文评阅书

1

2 | 3 | 4 | 5 | 6

1 侯晓远博士论文答辩后与参加论文答辩的老师们合影。从左至右：杨威生（北京大学）、刘古（浙江大学）、王迅、侯晓远、许瑧嘉（北京半导体所）、谢希德（前）、张志明（后）、华中一、张开明

2 1986 年侯晓远博士论文封面，指导教师：谢希德、王迅

3&4&5 侯晓远的研究生论文评阅书

6 1987 年 1 月 17 日，黄昆评阅侯晓远博士论文的意见

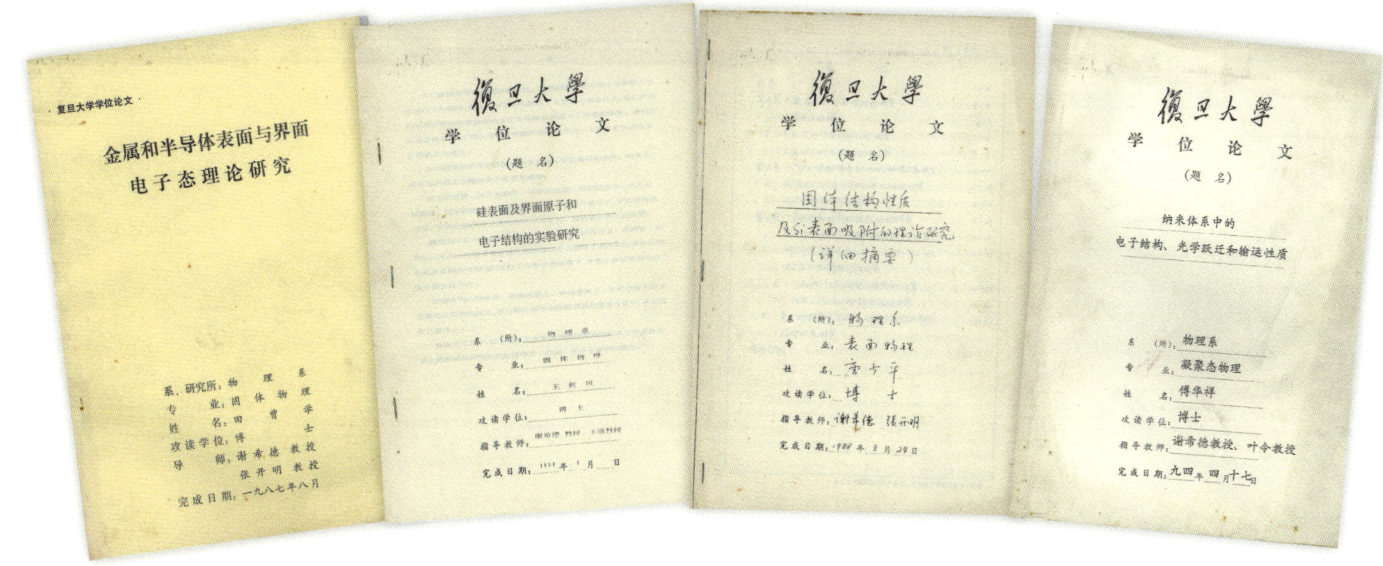

复旦大学学位论文

金属和半导体表面与界面电子态理论研究

系、研究所：物理系
专　　业：固体物理
姓　　名：田曾举
攻读学位：博士
导　　师：谢希德教授
　　　　　张开明教授
完成日期：一九八七年八月

復旦大學
学位论文
（题名）
硅表面及界面原子和电子结构的实验研究

復旦大學
学位论文
（题名）
固体结构性质及Si表面吸附的理论研究
（详细摘要）
系（所）：物理系
专　业：表面物理
姓　名：唐少平
攻读学位：博士
指导教师：谢希德　張开明
完成日期：1988年3月24日

復旦大學
学位论文
（题名）
纳米体系中的电子结构、光学跃迁和输运性质
系（所）：物理系
专　业：凝聚态物理
姓　名：傅华祥
攻读学位：博士
指导教师：谢希德教授、叶令教授
完成日期：九四年四月十七日

1
2 | 3 | 4 | 5

1 资剑博士论文答辩后与参加答辩的老师合影。从左至右：张开明（前）、陶瑞宝（后）、孙恒慧、谢希德、王迅、资剑、吴祥（同济大学）

2 1987 年田增举博士论文封面

3 1988 年王虹川博士论文封面

4 1988 年唐少平博士论文封面

5 1994 年傅华祥博士论文封面

谢希德与金晓峰在办公室合影

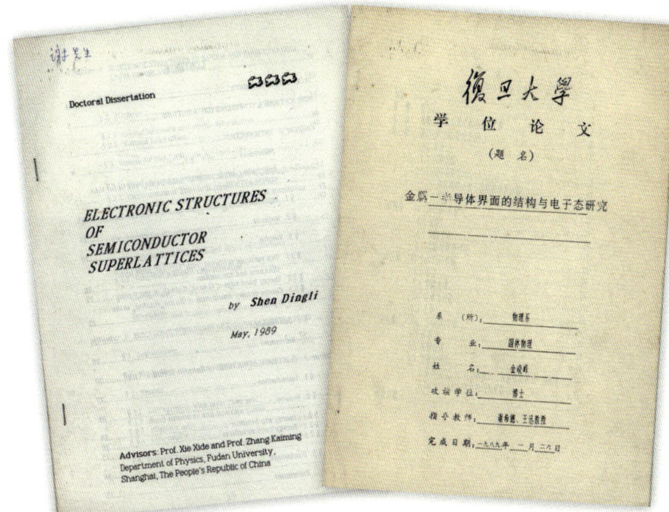

Doctoral Dissertation

ELECTRONIC STRUCTURES
OF
SEMICONDUCTOR
SUPERLATTICES

by Shen Dingli

May, 1989

Advisors: Prof. Xie Xide and Prof. Zhang Kaiming
Department of Physics, Fudan University,
Shanghai, The People's Republic of China

復旦大學
学 位 论 文
（题 名）
金属—半导体界面的结构与电子态研究

系（所）：物理系
专　业：固体物理
姓　名：金晓峰
攻读学位：博士
指导教师：谢希德、王迅教授
完成日期：一九八九年 一 月 二六 日

学校代号：10246
学　号：970011

復旦大學
学 位 论 文
（题 名）
镧锰氧化物类体系电子结构和磁学性质
的理论研究

系（所）：物理系
专　业：凝聚态物理
姓　名：杨中芹
攻读学位：博士
指导教师：叶 令教授 谢希德教授
完成日期：99 年 10 月 ___ 日

Dissertation for the Degree of Ph. D

Lattice Dynamical Studies on: (i) Strained Si/Ge superlattices, (ii) Stillinger-Weber Potential, and (iii) Mo(001) Surface

Author: Zi Jian

Supervisors: Prof. Xie Xide
Prof. Zhang Kaiming

Department of Physics, Fudan University, Shanghai
November, 1990

1 1980 年代，谢希德、叶令教授（前右 1）、张开明教授（前左 2）与表面组的研究生沈静志（前左 1），后排从右至左：田曾举、徐永年、唐少平、朱梓忠

2 谢希德与学生徐永年在图书馆

3 1989 年沈丁立博士论文英文封面

4 1989 年金晓峰博士论文封面

5 1999 年杨中芹博士论文封面

6 1990 年资剑博士论文英文封面

1	2	
	3	4
	5	6

管理者

谢希德担任复旦大学副校长（1978—1983）、校长（1983—1988）长达十年，是新中国成立后我国综合性大学第一位女校长。谢希德执掌校政期间，正是我国改革开放、由计划经济向社会主义市场经济过渡的时期。1983 年，党的十二大召开，决定全面开创社会主义现代化建设新局面，教育改革随之进行，改革成为时代的主旋律。在谢希德就任校长的讲话中，给复旦大学改革定下了教学和科研两个中心，涉及机构改革、管理体制改革、规章制度改革等诸多方面。

机构调整

在她任内，复旦大学增设技术学院、生命科学学院、管理学院、经济学院和新闻学院，加速各类人才培养。她支持成立的技术科学学院，聚集了电子工程、计算机科学、应用力学、光源科学、材料科学等一批新兴学科。谢希德预见到管理学科对国家经济和社会发展的重要性，力排众议，极力主张将管理科学与人文科学、自然科学、技术科学和生命科学并列为学校建设的多个学科领域之一。1985 年，复旦大学决定成立经济学院和管理学院之后，谢希德大胆地对两个学院"放权"，即授权院长行使某些本来属于校长的权限。这样，管理学院在改革中得以放开手脚，有了较快发展。为了适应学科发展和国内外形势，谢希德在任期间，复旦大学先后成立了世界经济系、管理科学系、世界经济研究所，还创办了经济研究中心。1986 年 4 月，复旦大学还成立了中国教育史上第一个生命科学学院。

总结复旦大学教育工作经验，谢希德提出了六点发展方向：适应社会主义建设的需要培养人才；全面贯彻党的教育方针，培养德、智、体全面发展的人才；按照教育的客观规律办教育；发挥多学科的优势，把学校办成既是教育中心又是科研中心；落实知识分子政策，加强师资队伍建设；以培养高质量人才为目标，大力进行教育与管理改革。其中，人才培养和师资队伍建设是谢希德高校管理的两个核心议题。

人才培养

以"多出人才、出好人才"为目标，在谢希德任内，复旦大学在学生培养上采取了一系列具体措施。一是抓好"三个提高"，即提高教授、副教授给本科生上课的比例；提高有好的教材、好的教学梯队、好的教学效果的"一类课程"的比例；提高学生的创造力。二是抓好"四个环节"，即基础、外语、实践、能力四个环节。三是提倡"三性"，即改变过去在教学计划、教学方法上统得过死的现象，提高

1983 年，谢希德在学校班车上

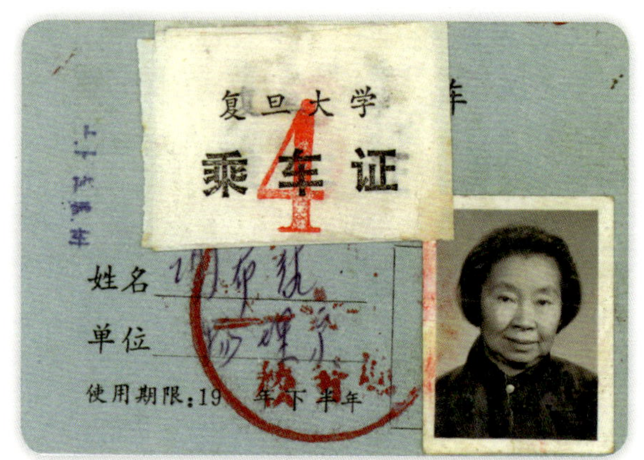

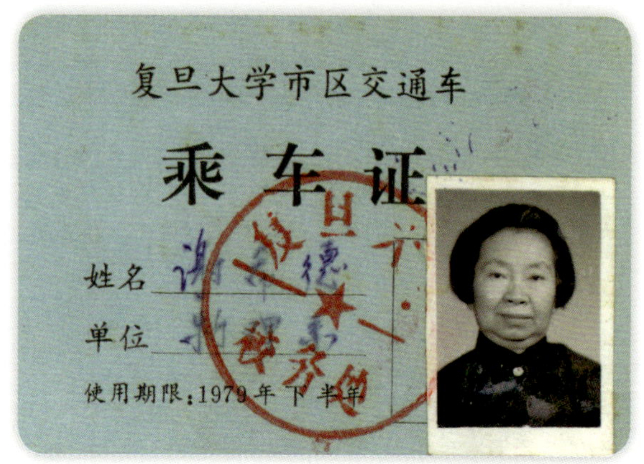

灵活性；既要适应学生的不同要求，又要拓宽学生的知识面，以适应学科迅速发展和国家建设需要，提高适应性；加强学生学习和教师教学各环节的科学管理，加强科学性。四是完善和推广“三制”，即优秀学生的导师制、学分制和五级浮动记分制。

谢希德治校期间，还大力开展继续教育，先后举办六个专业干部专修科、三个专业大专班。1983 年，复旦大学开始承办自学考试，满足了许多年轻人对知识的渴望，缓解了高等教育不能满足社会需求的矛盾。

师资队伍建设

谢希德重视提高教学质量，重视学科带头人。1984 年，复旦大学把“发展学科带头人，加速人才培养”当作全校三大重要工作之一。谢希德认为学科带头人除了教学质量高、科研能力强以外，还应有较强的组织能力，能影响带动一批人，团结一班人共同工作。随后，学校制定出《如何发挥出学科带头人作用的几点意见》，规定对工作有突出贡献的人给予越级晋升和增加工资等待遇。这一做法促进了一批学科带头人的成长。

谢希德重视各学科教师梯队建设，破除论资排辈观念，培养一批中青年教师，发挥其骨干作用。让他们到科学、科研第一线挑重担，给予必要的支持，鼓励他们做高水平的工作，使他们逐步对本单位的教学和科研有较多的发言权。鼓励学科瞄准国内和国际先进水平，制定赶超计划。同时争取校外高水平的教师和科研人员来复旦大学工作，并有计划地派教师到国外学习进修。她提出“让人才脱颖而出”，采用破格提升的方法，及时发现优秀人才，重点培养，大力启用年轻冒尖人才。

现代学科的发展既高度分化又高度综合，有的专业和学科越来越窄，各系不同学科专家互相配合、共同完成大型科研课题就需要打破原来各学科的界限。在培养师资的工作中，谢希德鼓励学科间互相渗透，促使教师知识更新。

她还提出应尽快改变“近亲繁殖”的师资结构，以促进人才流动、开阔眼界、活跃思想。选派大批骨干教师出国进修，请外国和外校专家到复旦大学来讲学，合作搞研究等。同时，又保证队伍的相对稳定和继承性，既发挥传统特色，又吸收各方的优点长处。

校风和学风建设

谢希德非常关注校风和学风建设，认为这关系到人才的全面发展，把形成良好的校风、学风作为重要工作来抓。她把复旦大学的校风总结为：文明、健康、团结、奋发；把学风总结为：刻苦、严谨、求实、创新。

对教职工，她提倡提高教师的责任感，把育人和教学工作紧密结合起来，将教师在教书育人方面的成绩，作为奖励和晋级提职的条件之一，从制度上给予保证。对学生，她提倡树立严格的治学态度，掌握正确的学习方法，养成坚韧不拔的奋斗精神。此外，她还强调严格考试制度，严肃处理有作弊行为的人。设立“教授论坛”“校长信箱”等，加强校领导与师生的交流。

效率和服务始终贯穿于谢希德的高校管理理念。她任校长期间，每学期开学都会向教职工报告工作和新学期打算。报告既讲成绩又讲问题，言简意赅，一小时内散会，深受师生员工欢迎，形成了一种新的复旦“会风”。她还乐意带着领导班子去基层现场办公，干净利落地签署各种文件。在注重效率的同时，她也总是提醒大家：我们应该有时代的紧迫感，但是不能过分焦急，我们要学会以实事求是的精神，脚踏实地地奔向明天。对后勤管理工作，她提出要树立为教学、科研服务，为师生员工服务的思想，在现有条件下开展优质服务，提高队伍素质，尽一切努力为教师排忧解难。

谢希德与时任复旦大学外事办公室副主任刘庚生在家中

1	2
3	

1 1992 年，谢希德与复旦大学前校长苏步青、华中一（右1）在复旦大学世界校友联谊会上

2 谢希德与谈家桢合影

3 1984 年，美国里克·加芬克尔（Rick Garfunkel）博士在完成博士后研究后与谢希德等物理系老师合影（摄于复旦大学）

1 谢希德与物理系、美国研究中心同事在一起（从右至左：倪世雄、侯晓远、金晓峰）

2 谢希德与物理系同事合影

3 陶瑞宝夫妇看望谢希德

1985 年 5 月，谢希德与复旦大学管理学院 1983 级工业经济管理干部专修班毕业生合影

1 1990 年 11 月，谢希德出席国际中国历史地理讨论会

2 1985 年，复旦大学 80 周年校庆时谢希德与海内外嘉宾合影

1
2

1 1995年11月14日，谢希德与苏步青老校长（左）合影

2 1991年9月23日，谢希德出席苏步青执教65周年庆祝会

1 时任复旦大学副校长的谢希德在作表面物理学术报告

2 谢希德与复旦大学外文系教授陆谷孙在学术会议上

3 1997 年，谢希德参加庆祝复旦大学国际文化交流学院建院十周年大会

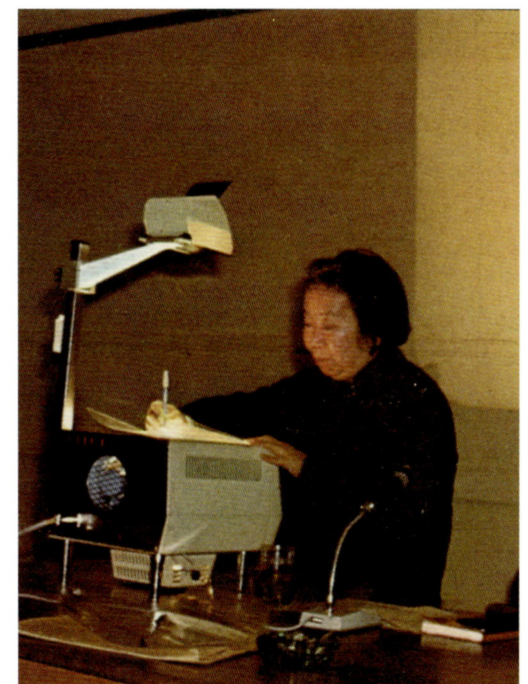

1

2

1 复旦大学博士学位授予大会

2 谢希德（右 3）与谈家桢（中）等合影

1 谢希德在投票

2 谢希德在环境保护讨论会上

3 1996 年，谢希德在科学讨论会上

1
2

1 谢希德在办公室

2 80 年代，谢希德、曹天钦在家工作

谢希德在物理楼办公室

1
——
2

1 谢希德与同事交流

2 1990 年 5 月 17 日，谢希德在物理楼的办公室

1	3
2	4

1 谢希德在美国研究中心办公室

2 谢希德和同事讨论工作

3 谢希德在办公室内工作

4 谢希德在电脑前工作

良师益友

改革开放以来，谢希德成为中科院院士，历任复旦大学校长、上海市政协主席，可谓身居高位。可她在复旦人心中，始终是一位平等待人、可敬可爱的良师益友。

谢希德的为人，可以用“博爱”二字形容。她关心所有和她有过接触的人，她得知某同志生病后，会主动向医生请教，及时关心其就医；学校人行道有两块地砖陷落，她会请分管副校长及时派人修好；每次去北京开“两会”，给爱集邮的同事寄首日封；她亲笔给学生写求学推荐信……她的细心和真诚使每个和她熟悉的人都感到无比温暖，她的人格魅力令大家赞叹、感动不已。她同广大师生交朋友，大家有话都愿意跟她说，特别是女教师、女学生，更是将她看作知心人。

在“文革”中，有位年轻的女教师审查谢希德时闹得很厉害，谢希德复出后，并没有责怪她，只说这些事情在当时情况下很难去怪个人，大家都有个认识过程，不必追究。后来这位女教师对谢希德非常尊敬，她由衷地说，谢希德胸襟宽广，不计较个人恩怨，是做人的榜样。

在大家心目中，谢希德是复旦大学校长，是著名科学家，而她却以普通劳动者的姿态与人们相处。本来她可以坐专车上班，可是复旦师生时常在学校的班车上看到她。学校 8 点钟开始上班，她往往提前一小时就在车上和同事们讨论工作，就这样，许多问题还没进校门就解决了。她觉得乘坐班车是一件非常愉快的事，可以借这个机会与同志们交谈，静听各种议论，从校内的事到天下事，都可以成为车内的话题，其中也有发牢骚的，也不乏独到的高见。

虽然年事已高，身体不好，又身兼多个领导职务，谢希德仍不遗余力地做科普工作，关心下一代成长。她为《阿爸教现代科技》《青少年科学百科全书》《自然科学简明手册》写序言，为《十万个为什么》撰写科普文章。即便身在病榻，她依然对校样字字推敲，校样上布满了她圈圈点点的笔迹。

谢希德在复旦大学校友李乐德家中做客

1 谢希德与上海市市三女中学生交谈

2 1983 年，谢希德在大教室演讲“做一个有理想有抱负的大学生”

1 | 2 / 3

1 谢希德与复旦大学学生在毛主席塑像前

2 谢希德与学生在校园中

3 谢希德与学生交谈

1 | 2
3

1 谢希德参观1988年复旦大学邮展

2 1996年7月10日，谢希德参观上海大学生集邮展

3 1984年11月30日，复旦大学校领导与首届博士研究生毕业班合影

1

2 | 3

1 谢希德在上课

2 1980 年代，谢希德请复旦大学留学生到家做客

3 谢希德在 1983 级外国留学生开学典礼上与新生交谈

From: Xie Xide　　Fax +86-021-4335349(h)

To Mr. Mingwei Zhou
　　c/o Miss Susan Scott

Fax No. 001 617-495-7798

Dear Mingwei

Have not heard from you for a long time. How
is everything? Pan Tianshu is leaving for Harvard to-
morrow. Hope he will still find you at Cambridge.
He had a very busy summer with the Seasmon Street Production
team here. Though the visit was not long, it took
him quite long for the preparatory work.

Fudan won the championship of debate at Singapore.
It was a great boost for the morale as a whole
in general. Now the University is busy welcoming
the new students coming back from the military
training.

Your parents & sister came to my home after my
return from the U.S. It was very kind of them
to do that. Your father looked well & healthy.

Shen Dingli will be back tomorrow, while we
are going to miss Shen Peide for more than two months.
We are looking forward for your return with great
anticipation.

Please tell Zhao Zuyu that the xerox copies of
several papers were received. Please give him my
best regards & deep appreciation.

Best to you & to Pan.

谢希德 Xie Xide

I have a fax machine at home
now using the same line as my telephone

1 谢希德给在国外留学的周明伟（右1）的电传邮件

2 1996年，谢希德与学生赵祖宇、周明伟在上海留影

3 访美时，谢希德在美国新泽西强生公司的强生楼前与正在普林斯顿大学的沈丁立合影

放眼看世界

带领复旦走向国际高等教育视野

“文革”结束，在拨乱反正的日子里，许多人还对“外国”二字避之唯恐不及，谢希德却与国外积极联系，把学生送出国门深造。谢希德给许多学生写过推荐信，每次都是亲笔写，从来不用别人代劳。她送出去的学生几乎全部学成归国参与国家建设，许多人成为学术界的中坚力量。她自身的经历，就是学生们的无言感召。

朱传琪赴美访学之前，谢希德对他说：“你需要多长时间就留多长时间，但是我希望你最后还是回来。”甚至顶着压力为其妻子赴美团聚做担保。当朱传琪参与的项目一结束，他就毅然放弃美国优越的工作条件回到复旦大学，报效祖国。沈丁立去美国读博士后，曾有人猜测他会一去不复返，但谢希德并未阻拦。分别时，沈丁立对谢希德说：“今天我在物理楼门前向您告别，明年此时此刻我会在这里向您报到。”之后，沈丁立放弃在美国拿绿卡的机会，为了国家，毅然回到复旦大学校园，实现了自己对导师的诺言。

在谢希德任期内，复旦大学到国外进行学术交流的教师超过 600 人次。海外许多学者反映，从 1980 年代开始，他们才突然接触到许多来自复旦大学的学者。正是靠着谢希德不遗余力地推荐，一批批优秀人才逐渐走向世界，长期以来“与世隔绝”的复旦大学也因此在国际上声名鹊起，谢希德也被《今日美国》报（*USA Today*，1987 年 5 月 14 日）誉为“中国的哈佛校长”。

1978 年 9 月国际核靶发展学会第七届国际会议在联邦德国召开，谢希德率八位专家组成代表团出席会议。在联邦德国参观、访问了一些实验室后，代表团又应法国巴黎奥赛核物理研究所的邀请，在巴黎参观了两个研究所和三所大学。1979 年 1 月，谢希德再次率我国科学代表团赴美参加化合物半导体界面会议，代表团在美国访问了十所大学的部分实验室和五个公司所属的研究机构。出访的时候，谢希德总是带着问题，认真观察、详细询问，不断比较、思考，并把收获记录下来，回国后马上提出建议，因地制宜地向外国学习，她的主张往往高屋建瓴、独具慧眼。

在谢希德与黄昆共同努力下，中国物理学界克服了国际上掀起的抵制在中国召开学术会议的逆流，争取到了 1992 年在北京召开第二十一届国际半导体物理会议，提高了我国在国际半导体物理学界的地位。1993 年，谢希德又主持了在上海举办的第四届国际表面结构会议。

谢希德的足迹遍及美国、英国、日本、法国、比利时、瑞典、德国、意大利、波兰、苏联、匈牙利和希腊等国家以及我国香港和台湾地区，在多个国际学术会议上任委员会成员。她还获得过多种国际荣誉称号，如美国史密斯学院名誉博士、美国物理学会荣誉会员、第三世界科学院院士以及美国文理科学院外籍院士等。

谢希德一直站在科研最前沿，担任过《表面科学》（*Surface Science*）期刊中国地区编委、《应用表面科学》（*Applied Surface Science*）期刊编委、法国《电子显微技术和电子能谱》（*Journal de Microscopie de Spectroscopie Electroniques*）期刊编委，她时刻关注世界物理学的进展，不断把国外物理学的最新研究信息和科研成果介绍到国内。从 1983 年到 1998 年，她每年参加美国物理学会的“三月会议”，并每年向复旦师生作综述报告。她也积极地把国内和复旦大学的研究成果介绍给国外同行，向他们介绍中国科技、教育状况，对开展合作研究、促进友好往来发挥了重要作用。两次获得诺贝尔物理学奖的美国科学家巴丁（Bardeen）说：“在中国科学界，谢希德属于最有影响的人士之一。”

1983 年 10 月 19 日，复旦大学举行授予茅诚司名誉博士学位，授予周振鹤、葛剑雄历史学博士学位仪式。茅诚司是日本著名物理学家，原东京大学总长，谢希德亲自将证书授予茅诚司博士，他成为新中国第二个被授予名誉博士学位的外国人。此举也掀开了复旦大学对外授予名誉博士学位的新篇章。

在复旦大学校园里，谢希德还参与接待过来访的法国总统德斯坦，主持接待了美国总统里根及国务卿舒尔茨等外国政要的访问。1985 年 5 月 27 日，复旦大学迎来八十周年校庆，访问过复旦大学并做演讲的里根总统也发来贺电。1998 年，美国总统克林顿及夫人来华访问，与各界人士在上海图书馆举行座谈会，特邀谢希德参加。

在谢希德的主持下，到 1988 年，复旦大学共有教师 5307 人，其中院士 9 人，教授 237 人，副教授 858 人，20 多个国家的 1983 位学者来校讲学，147 位外国专家中长期受聘。复旦大学学科设置齐全，专业建设完备，教学和科研更上一个台阶，成果得到国内外的普遍认可和好评。

1984 年 4 月 30 日，美国总统里根访问复旦大学

谢希德校长、汪道涵市长欢迎里
根总统访问复旦大学

1984 年 4 月 30 日，美国总统里根在复旦大学 3108 教室与学生交流

美国总统里根访问复旦大学后，将摄于 3108 教室内与复旦大学学生交流的签名照片赠予谢希德

1984 年 4 月 30 日，美国总统里根在复旦大学相辉堂演讲

谢希德将谭其骧（左 2）主编的《中国历史地图集》赠予里根总统

1 在上海市府晚宴前

2 里根总统与复旦大学副校长华中一握手

1 | 2

1 1979 年 10 月，在美国加州参加真空物理会议时，谢希德、华中一（左 1）、张开明与中外科学家合影

2 1985 年，中美大学校长讨论会（左 5 为谢希德）

1
2

1979 年 10 月 22 日，复旦大学表面物理代表团访问美国洛斯阿拉莫斯（Los Alamos）科学实验室（从左至右：凯伊・拉斯罗普［Kaye Lathrop］、张开明、哈里・德雷克［Harry Dreicer］、谢希德、华中一）

1	2
3	

1 1979 年 10 月，谢希德作为中国校长代表团成员访问美国时在圣地亚哥海洋公园观看鲸鱼表演

2 1979 年，谢希德与中国大学代表团在纽约留影

3 1981 年访美时，谢希德在当年留学的麻省理工学院主楼前留影

1983 年 6 月，谢希德访问美国里森大学物理系

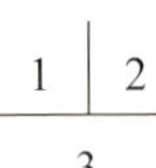

1 1981 年访美时，谢希德在当年做实验的麻省理工学院教学楼前留影

2 1986 年 3 月 29 日，谢希德在复旦大学美国校友会成立大会上

3 1983 年 3 月 22 日，洛杉矶物理学年会，谢希德、黄昆（后排左 5）与参加会议留学人员合影

1987 年，在得克萨斯大学奥斯汀分校（UT Austin）举办的第十九届索尔维会议代表合影（前排右 3 为谢希德）

1 谢希德参加美国物理学会“三月会议”时与中国留学生合影

2 1986 年，谢希德访问伊利诺斯大学香槟分校时与复旦大学同学及其他中国学生合影

1989 年 7 月，谢希德参加在夏威夷举办的第六次东西方哲学家会议

1 2
3

1 谢希德、严济慈（前排左 2）、李政道（前排左 3）、吴大猷（前排左 4）在夏威夷合影

2 谢希德、黄昆（左 2）、孙恒慧（左 1）在美国参加会议

3 谢希德与儿媳余科在美国波士顿和美国复旦基金会的朋友合影。谢希德手持象征波士顿棒球队——“红袜”队的小熊

1 谢希德参加美国物理学会“三月会议”时与参会中国学生合影

2 谢希德在美国华盛顿参观爱因斯坦纪念馆

谢希德在美国参观实验室

1 1985 年，谢希德与复旦大学附属中学毕业的在美留学生合影

2 1985 年，谢希德在中美大学校长讨论会上

3 谢希德在美国普林斯顿大学的安娜林肯女士家做客

1978 年 9 月 17 日，谢希德与杨福家（前排右 1）、华中一（后排左 1）、秦启宗（后排右 1）等访问德国 Monchen 大学物理实验室

1

2 | 3

1 1978年，谢希德在法国巴黎第六大学参观实验室

2 1984年6月，谢希德访问瑞典林雪平大学（Linkoping University）

3 1984年6月，谢希德访问瑞典林雪平大学时与复旦大学物理系毕业生陈伟明（右3）等合影

1 1985 年，谢希德在德国访问留影

2 谢希德在法国留影

3 谢希德在法国马赛访问留影

1983 年 6 月，谢希德参观大英博物馆卡尔・马克思展

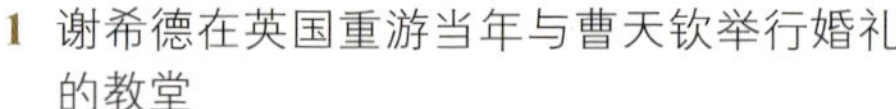

1 谢希德在英国重游当年与曹天钦举行婚礼的教堂

2 1985 年，谢希德在日本岚山周恩来诗碑前留影

1

2 | 3

1 1983 年 7 月 1 日，谢希德作为中国教育部访日团代表访问日本

2 1985 年，谢希德访问日本

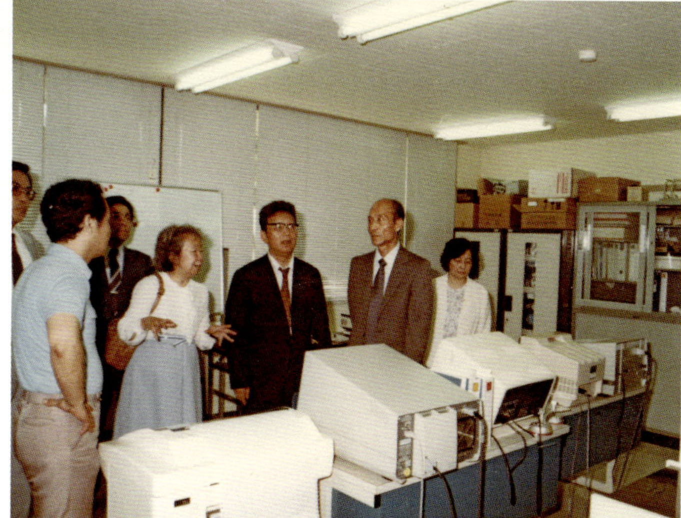

3 1985 年，谢希德在日本筑波大学参观

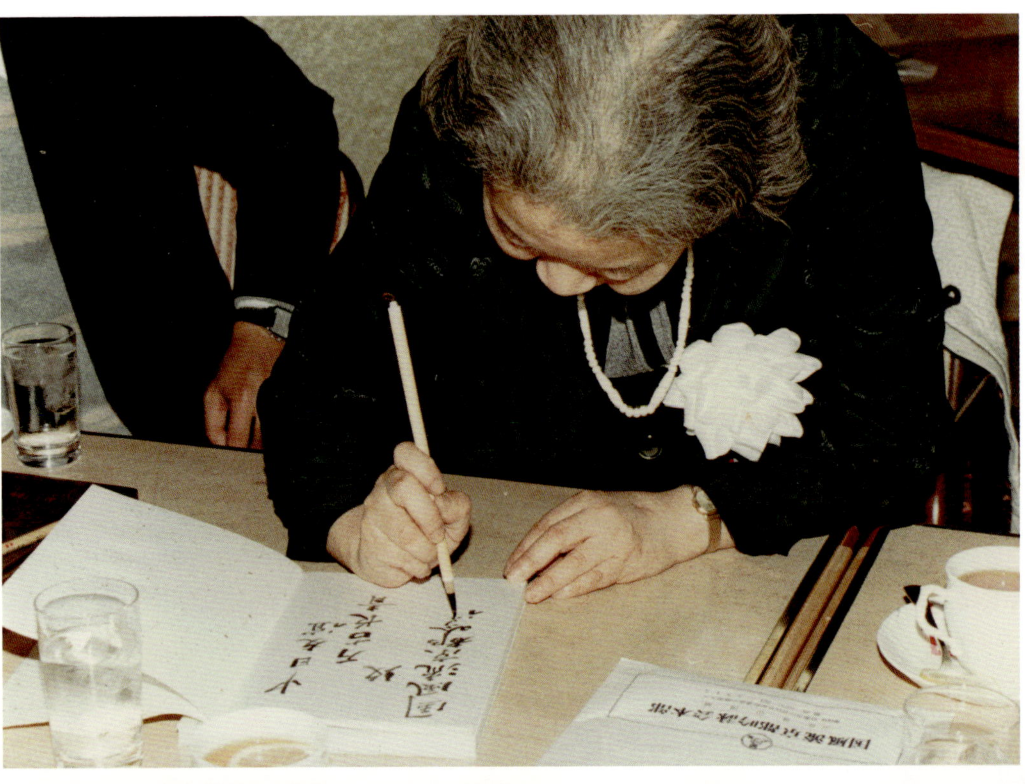

1 1986 年 10 月 29 日，谢希德访问日本时，出席日中友好协会举办的唐诗朗诵会

2 唐诗朗诵会入场券

3 谢希德（前排左 3）与访问团一行在日本

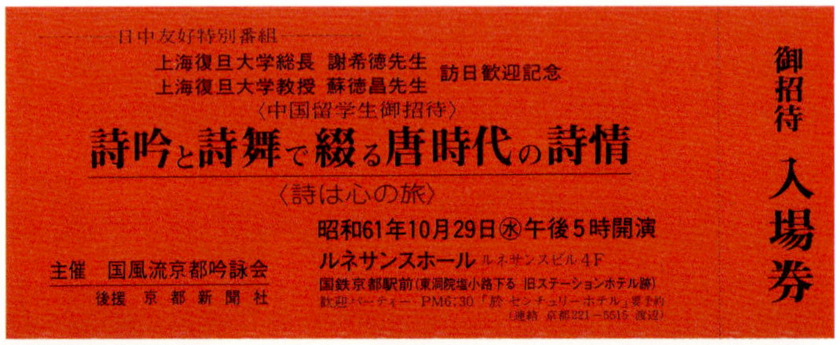

日中友好特別番組
上海復旦大学総長 謝希徳先生
上海復旦大学教授 蘇徳昌先生
訪日歓迎記念
〈中国留学生御招待〉
詩吟と詩舞で綴る唐時代の詩情
〈詩は心の旅〉
昭和61年10月29日㊌午後5時開演
ルネサンスホール ルネサンスビル 4F
国鉄京都駅前（東洞院塩小路下る 旧ステーションホテル跡）
歓迎パーティー PM6:30「於 センチュリーホテル」要予約
（連絡 京都221－5515 渡辺）
主催 国風流京都吟詠会
後援 京都新聞社
御招待 入場券

1 1989 年 1 月 12 日，谢希德访问香港

2 1997 年 8 月，谢希德参加在台北举行的第二届全球华人物理学大会

第二屆全球華人物理學大會
August 11-15, 1997,Taipei

The Second Joint Meeting of the World-Wide Chinese Physicists in honor of Prof. Ta-You Wu on the occasion of his 90th birthday

1 | 2
3

1 1997 年 8 月，谢希德与吴大猷在台北合影

2 1997 年 8 月，谢希德在台北参加第二届全球华人物理学大会时，与厦门大学的老同学重逢

3 谢希德访问香港

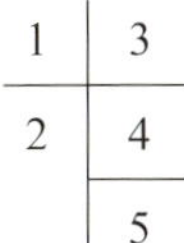

1 授予郑子瑜复旦大学顾问教授证书仪式（从左至右：郑子瑜、谢希德、邹剑秋）

2 授予比尔普奇（E.G.Bilpuch）复旦大学名誉教授证书仪式（从左至右：杨福家、谢希德、比尔普奇）

3&4 1984 年 10 月 4 日，授予乔治·基沃斯复旦大学名誉教授证书仪式

5 授予比尔普奇复旦大学名誉教授证书仪式

1 1990 年 4 月 19 日，谢希德与国际友人韩素英（左）合影

2 1997 年，谢希德接待来复旦大学访问的日本诺贝尔物理学奖获得者江琦玲于奈（左 2）

3 1992 年 8 月 28 日，授予美国普林斯顿大学弗兰克·冯·希波复旦大学顾问教授证书仪式（从左至右：沈丁立、杨福家、谢希德、希波）

4 谢希德和美国物理学家哈格斯特鲁姆（H.D.Hagstrum）等合影

1 | 2
3

1 1980 年，谢希德接待美国科学院院士、加州大学贝克莱分校教授佩德森（Pederson）（右 3）

2 美国芝加哥大学物理系系主任与物理系老师张强基到谢希德家做客

3 1980 年，两次诺贝尔奖获得者美国物理学家约翰·巴丁（John Bardeen）教授访问复旦大学

1 谢希德接见国际友人（左 2 为强连庆、左 3 为谢希德）

2 1986 年 4 月，谢希德会见参加欧洲共同体国际讨论会的代表

3 谢希德、曹天钦在家接待李约瑟博士（右 2）、黄兴宗博士（右 1）

1

2 | 3

1 谢希德与美国诺贝尔奖获得者科恩教授合影

2 谢希德与王迅（右 1）等合影

3 1985 年 7 月，谢希德会见来访的国际能源经济学家学会代表团

1 2
3

1&2 1982 年，李政道访问复旦大学

3 谢希德在复旦大学会见李政道

4 谢希德在复旦大学李政道物理奖学金授奖仪式上发言（从右至左：杨福家、林克、谢希德、李政道）

5 1990 年，谢希德接待李政道（前排右 2）

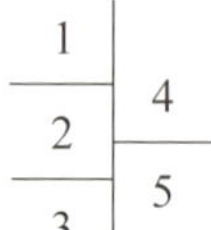

1	2
3	4

1 1981 年，谢希德访问美国时与吴健雄教授合影

2 吴健雄参观复旦大学实验室

3 吴健雄访问复旦大学，谢希德（前排左 3）与吴健雄（前排左 4）等合影

4 吴健雄（右 2）在谢希德与华中一（右 1）的陪同下参观复旦大学实验室

1
———
2

1 1983年3月8日，诺贝尔奖获得者丁肇中教授等访问复旦大学，对赴外攻读博士学位的学生进行面试，受到谢希德的欢迎和会见

2 谢希德与丁肇中亲切交谈

1 1995 年，杨振宁访问复旦大学

2 谢希德与杨振宁、杜致礼夫妇合影

3 1985 年 1 月 25 日，杨振宁与谢希德在交谈

4 1996 年 5 月，上海市长徐匡迪接见杨振宁夫妇

5 复旦大学校领导与杨振宁合影

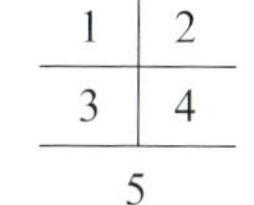

首创美国研究中心

1985 年，在谢希德努力下，复旦大学美国研究中心成立，在全国高校中属于首创，她亲自担任美国研究中心主任直至去逝。美国研究中心作为一个综合的研究和教育机构，同时又是一个学术机构。它充分发挥复旦大学的学术优势及其在国内外广泛的联系和影响，使校内外各学科、各方面的专家学者，对美国政治、经济、外交、科学技术、国际事务及中美关系等问题进行深入研究，并承担培养新一代深入了解美国事务专家的责任。1986 年，复旦基金会在华盛顿成立。基金会通过游说美国国会筹得拨款，新的美国研究中心大楼一期于 1995 年落成。

谢希德以宽广的视野和务实的作风，为美国研究中心确定了研究、教学、交流、咨询四大功能，以及中美关系、安全防务、美国经济、美国宗教与文化四个项目。她在校内设立美国研究双周讲座，不断开拓中心与国外学术机构的联系与合作。自 1985 年中心成立至 2000 年谢希德去世的 15 年间，美国研究中心共发表 475 篇文章，出版 85 种专著，召开 45 次国际会议，举办研讨会和讲座 200 多次，成员出访 190 多人次，邀请国内外学者 400 多位来讲学或进修。美国研究中心作为外国政治家和学者的讲坛、国际学术会议聚会的场所，为促进中美两国人民的了解和友

美国研究中心全景

谊，为推进中美关系的发展作出了积极的贡献。

谢希德以独特的人格魅力，感染了许多美国人，受到他们的尊敬，其中最突出的例子是美国众议员柯特·韦尔登（Curt Weldon）。由于对中国不了解，他曾在众议院投票反对延长对中国的最惠国待遇。1998年，韦尔登访问中国，美国研究中心的同志曾陪同谢希德去拜访他，亲眼目睹了谢希德如何驾轻就熟、娓娓道来地做他的工作。韦尔登为谢希德所折服，成为她的“崇拜者”，完全改变了对中国的看法。韦尔登担任众议院军事研究与发展委员会主席和科学委员会高级委员，在美国国会颇有影响。2000年2月，他要求国会山上的美国旗帜为谢希德飘扬一天。韦尔登还托人把这面旗帜和证书带到复旦，证书上写道：“兹证明此面国旗应美国国会众议员柯特·韦尔登阁下的请求，曾于2000年2月24日飘扬在美国国会大厦上空，以表彰谢希德女士对中美关系所作出的贡献。”韦尔登在给美国研究中心的信上说：“长期以来，我特别敬重谢希德教授对科学和中美关系的突出贡献，和她的每次见面都使我感受到她的智慧和人格的力量。她是一位品质高尚的人。作为美国的一位议员，我为有机会与她一起推动中美关系走向新世纪而感到荣幸。”

1

2 | 3

1 1985 年 2 月 1 日，谢希德在美国研究中心成立仪式上讲话

2 美国研究中心成立仪式会场（从右至左：谢希德、鲁植、柴泽民、林克）

3 谢希德会见参加美国研究中心成立仪式的嘉宾，图中左 2 为美国驻沪总领事鲁植

1 1986年10月24日，复旦大学授予卡西迪公司相关人员荣誉称号仪式

2 谢希德与卡西迪公司相关人员合影

1&2 谢希德、曹天钦在家接待来访的卡西迪公司人员

3 谢希德与复旦大学基建处处长陈维良（左 1），美国复旦基金会的比尔·克洛蒂（右 2）、芭芭拉·范特（Barbara Fant）在复旦大学校园中

1 | 2

3

1 参加美国研究中心办公楼启用仪式的嘉宾合影

2 美国研究中心铭牌

3 1987 年 1 月 14 日，谢希德、克洛蒂为美国研究中心办公楼启用剪彩

THE ARCHITECT OF THE CAPITOL
1793

THE FLAG OF THE UNITED STATES OF AMERICA

This is to certify that the accompanying flag was flown over the United States Capitol on February 24, 2000, at the request of the Honorable Curt Weldon, Member of Congress.

This flag was flown in honor of Madame Xie Xide's contributions to Chinese American relations.

Alan M. Hantman, AIA
Architect of the Capitol

2000-027266-001

A certificate showing that the American flag was flown over the U.S. Capitol on February 24th, 2000 "in honor of Madame Xie Xide's contributions to Chinese- American relations". I took that flag to her and made a special trip to China to visit her in the hospital with the flag during the last days of her life.

1
2 | 3

1 美国建筑师协会成员、美国国会大厦建筑师阿兰·汉特曼签名的公证书，公证书上写着：兹证明此面国旗应美国国会众议员柯特·韦尔登阁下的请求，曾于2000年2月24日飘扬在美国国会大厦上空，以表彰谢希德女士对中美关系所作出的贡献

2 2000年2月24日，飘扬在美国国会大厦上的美国国旗

3 美国国会议员柯特·韦尔登与谢希德握手

1
2 | 3

1 谢希德与美国复旦基金会的朋友比尔·克洛蒂（Bill Cloherty）（左1）、汤姆·斯坎伦（居中）合影

2 谢希德与俄勒冈州共和党参议员马克·海斐尔（Mark Hatfield）交谈

3 谢希德与康涅狄克州民主党参议员克里斯·多德（Chris Dodd）交谈

谢希德在美国国会大厦前留影

1
2 | 3

1 1986 年，谢希德访问美国卡西迪公司（Cassidy & Associates）时留影。前排从左至右：斯科特・吉尔斯（Scott Giles）、谢希德、文思・范思哲（Vince Versage），后排从左至右：比尔・克洛蒂、格里・卡西迪（Gerry Cassidy）。卡西迪公司为协助美国复旦基金会得到美国国会赠款出了大力

2 谢希德与多位美国国会议员交谈

3 谢希德与美国参议院外交委员会主任总监特里・皮尔（Terry Peel）（左 1）交谈

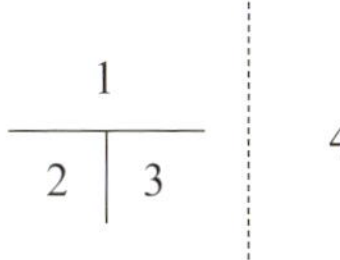

1 谢希德、比尔・克洛蒂、格里・卡西迪在国会大厦走廊中

2 谢希德与国会议员交谈

3 谢希德与路易斯安那州民主党参议员班尼特・约翰斯顿（J. Bemmett Johnston）合影

4 谢希德与新墨西哥州民主党众议员比尔・理查森（Bill Richardson）合影

1 谢希德与国会议员交谈

2 谢希德与亚利桑那州民主党参议员丹尼斯·德孔西尼（Dennis DeConcini）交谈

3 谢希德与威斯康星州的民主党众议员戴夫·欧比（Dave Obey）交谈

4 谢希德与纽约州民主党众议员罗伯特·马雷泽克（Robert Mrazek）交谈

5 谢希德与马萨诸塞州民主党众议员乔·莫克利（Joe Moakley）合影

谢希德在马萨诸塞州共和党众议员西尔维奥·孔蒂（Silvio Conte）办公室交谈，孔蒂是众议院拨款委员会主席

1
2

1 谢希德、周敦仁（右 1）在美国与美国复旦基金会的朋友们合影

2 谢希德与美国复旦基金会的朋友在华盛顿合影（从左至右：汤姆·斯坎伦夫人、汤姆·斯坎伦、谢希德、拉夫·范特）

复旦大学美国研究中心奠基典礼剪彩，美国复旦基金会董事会汤姆·斯坎伦（左 2）、汪道涵（左 4）、谢希德（右 3）、时任美国驻上海总领事方乐山（F. Wardlaw）（右 1）

1 1990 年 4 月 3 日，美国研究中心奠基

2 1990 年 4 月 3 日，谢希德在美国研究中心奠基仪式上致词

3 谢希德在给美国复旦基金会友人介绍美国研究中心选址

4 嘉宾参加美国研究中心奠基仪式：周明伟、汪道涵、华中一、汤姆 · 斯坎伦、谢希德、陈维良

1 谢希德与参加美国研究中心奠基典礼的来宾亲切交谈

2 1990 年 4 月 3 日，嘉宾在美国研究中心奠基典礼后的招待会上（从左至右：谢希德、汤姆·斯坎伦、时任复旦大学校长华中一）

1
2

1
2

1 1995 年，美国研究中心新楼落成典礼上，时任复旦大学校长杨福家与复旦基金会拉夫·范特（Ruff Fant）签订协议

2 1995 年，正式建成的美国研究中心（第一期）

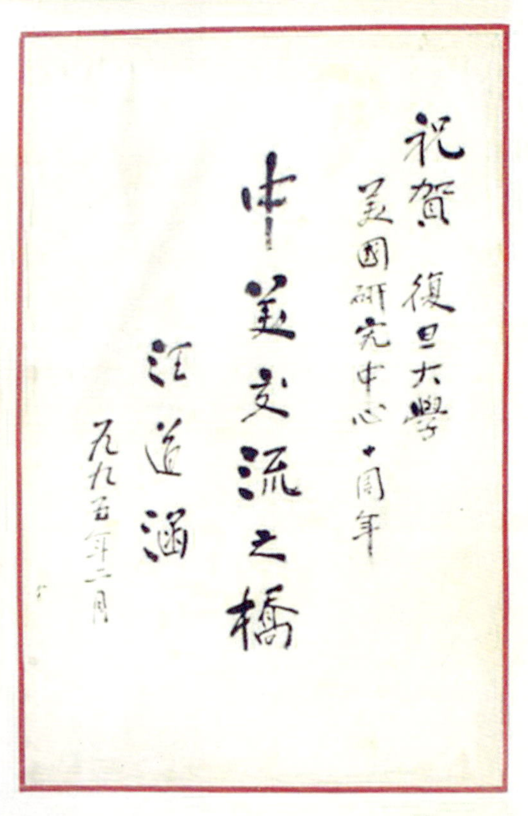

1 1995 年 5 月，谢希德在美国研究中心新楼落成典礼上与中心顾问、上海市原市长汪道涵亲切交谈

2 汪道涵在复旦大学美国研究中心成立十周年暨新楼落成典礼上致词

3 汪道涵为复旦大学美国研究中心成立十周年题词

1 1995 年，谢希德在美国研究中心成立十周年暨新楼落成典礼上讲话

2 1995 年，复旦大学美国研究中心纪念牌

3 谢希德与汤姆・斯坎伦（Tom Scanlon）在中心纪念牌前合影

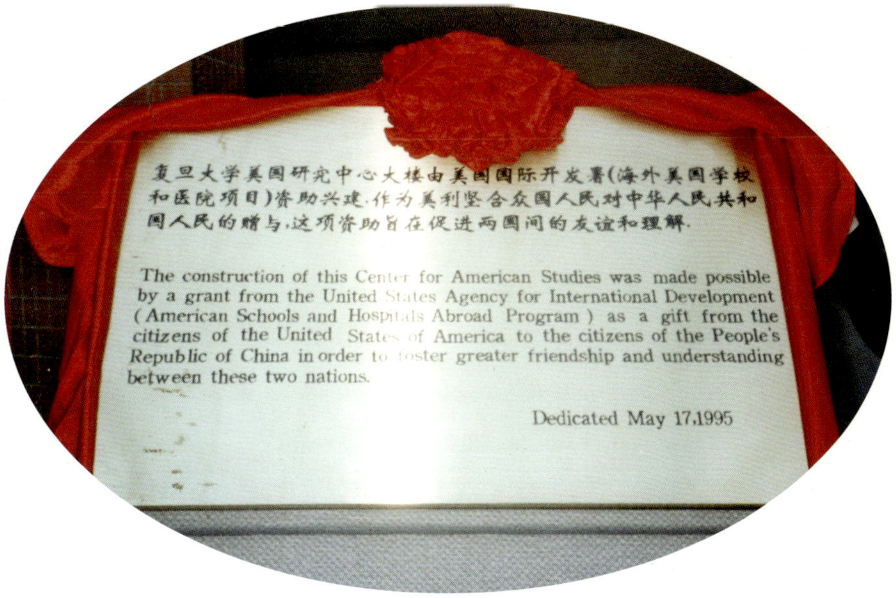

1 1995 年 5 月，谢希德在美国研究中心举办的中美国际保险研讨会上致词

2 1996 年 1 月 14 日，谢希德在美国研究中心会见到访的美国客人（前排从左至右：吴心伯、邓红梅、凯瑟琳・沃尔什、谢希德、迈克尔・克雷彭、倪世雄、沈丁立）

1
2 | 3

1 1996 年 10 月，谢希德与来访的美国国务院军控和裁军署代表团合影

2 1996 年 1 月，谢希德在美国研究中心会见来访的美国客人，前排从左至右：吴莼思、邓红梅、谢希德、朱明权、沈丁立；后排从左至右：蔡助山（Jor-shan Choi）（时任加州大学伯克利分校核研究中心副主任）、迈克尔·梅（Michael May）（斯坦福大学国际安全与合作中心主任）、卢宝康（《文汇报》）

3 1996 年 7 月 22 日，谢希德与美国研究中心吕慧芳（左 1）和到访的美国蒙特瑞国际研究学院（Monterey Institute of International Studies）的威廉·波特（William Potter）教授夫妇合影

1 | 2
3

1 1997年，时任复旦大学校长杨福家、谢希德教授出席第三届工程师和科学家反对扩散国际网络大会

2 1997年7月10—11日，复旦大学美国研究中心与美国国防大学国家战略研究所联合举办“中美第二轨道战略对话”

3 谢希德参观在美国研究中心举办的印第安民族艺术展览

1 美国研究中心举办的南亚和世界核武器控制与裁军专题国际讨论会

2 谢希德与到访的美国国会代表团合影

1

2 | 3

1 谢希德与来访的美国众议院国际关系委员会官员合影

2 谢希德在“中美经济关系：现状与前景”学术讨论会上致辞

3 谢希德在美国研究中心举办的南亚和世界核武器控制与裁军专题国际讨论会上（从左至右：美国物理学家理查德・伽文［Richard Garvin］、谢希德、美国物理学家弗兰克・冯・希波［Frank Von Hippel］）

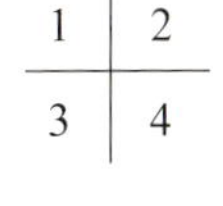

1 谢希德在中国版《芝麻街》教育大纲研讨会上发言

2 2002 年 8 月，时任美国参议院外交委员会主席拜登（立者）访问美国研究中心并发表演讲

3 2010 年 7 月 27 日，江渊声（Nelson Kiang）访问美国研究中心（从左至右：王生洪、江渊声、沈丁立、潘亚玲）

4 时任复旦大学校长王生洪（左）与美国研究中心主任倪世雄（右）为美国研究中心国家哲学社会科学创新基地揭牌

1999 年 11 月，复旦大学美国研究中心同事到华东医院探望谢希德

1 1999 年 11 月，美国研究中心同事到华东医院看望谢希德

2 1997 年春节，美国研究中心同事到谢希德家中拜年

3 吴心伯与谢希德在华东医院合影

沟通海内外，服务祖国

自 1984 年上海市欧美同学会恢复活动起，谢希德就担任副会长，历任第一、二、三届副会长，第四、五、六届会长，前后共 16 年。欧美同学会旨在加强归国留学生联系、推动人才和科技交流。随着改革开放的深化，经济的发展，回国留学人员的增多，欧美同学会的社会功能和影响力日益增强。在此形势下，谢希德把欧美同学会的主要工作定位为服务上海的经济建设，重视开拓经济界会员。对关键人士，她亲自出面、邀请。从 1993 年起，同学会连续六年负责接待由美国跨国经济政治研究公司组织的美国、加拿大基金会投资财团访华考察团。谢希德大力引荐上海市领导会见考察团，并向考察团介绍上海的投资环境，促成了一项项合作协议的诞生。

由于谢希德在国际交往中的声誉和领导工作，上海市欧美同学会短时间内声名鹊起，十分活跃。它促进了上海与世界的接轨，也促进了海外学人为国服务的积极性。

1980 年 3 月和 1985 年 2 月，世界银行两度给中国优惠贷款，作为中国大学发展项目的资金。谢希德先后担任中国专家组副组长和组长，从筹备到用好这笔贷款都倾注了大量心血精力。两个项目的顺利进行，在重点大学重点学科建设、改善和更新实验装备、提高教学质量和科研水平、促进智力开发和人员培训等方面均起到了积极的作用。

谢希德在与外国朋友、同行作学术报告之外，还作过许多专题报告，向国外介绍了中国妇女、科学发展、大学教育、知识分子政策、教育面临的挑战、经济治理整顿、改革开放、和平外交以及环境与人口政策等方面的问题和成就，在国际关系方面发挥了某些外交官所不能起到的作用。

1998 年 6 月 28 日，美国总统克林顿在上海图书馆

1998 年 6 月 28 日，美国总统克林顿夫妇在上海图书馆与市民座谈

Bill Clinton　Hillary Rodham Clinton

美国克林顿总统夫妇寄给谢希德的签名照片

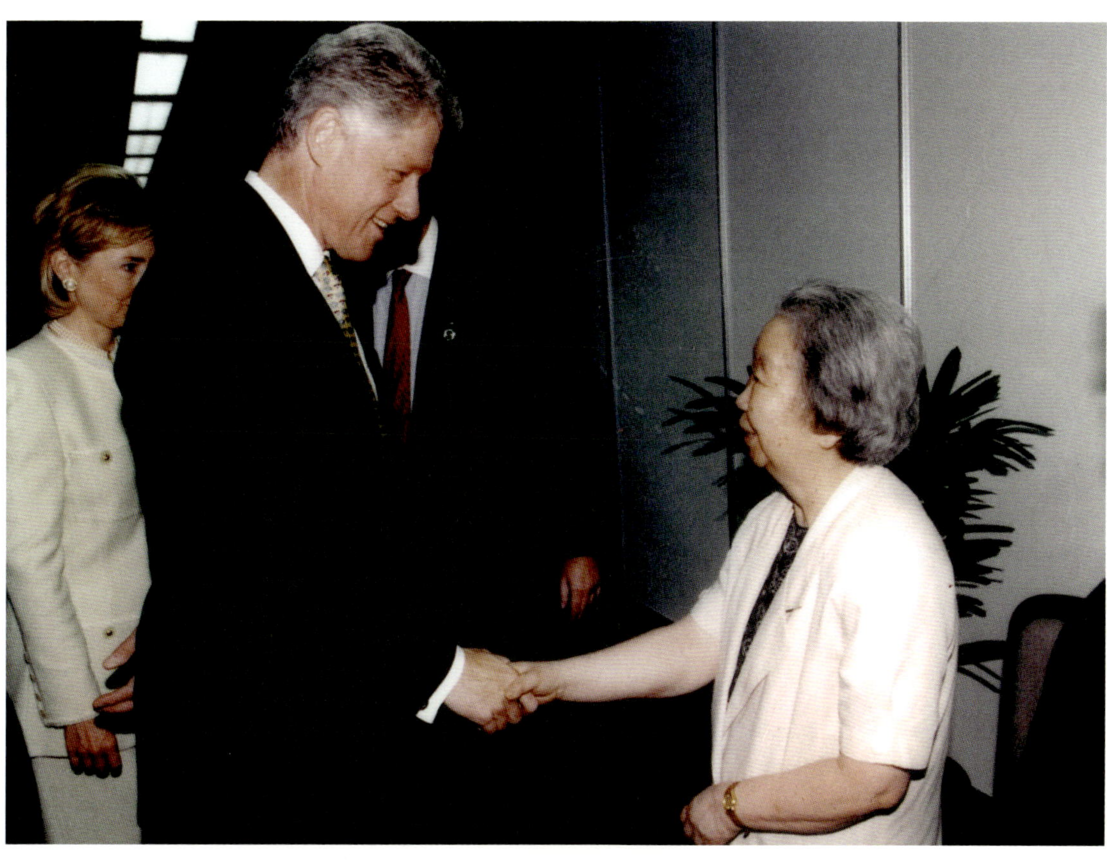

1 谢希德与美国总统克林顿握手

2 1998 年 7 月 1 日，《波士顿环球报》有关美国总统克林顿访华的新闻

3 1998 年 8 月 14 日，美国总统克林顿致谢希德的感谢信

THE WHITE HOUSE

WASHINGTON

August 14, 1998

Dear Professor Xie:

Hillary and I thank you for joining us to discuss China's future during our visit to Shanghai. Your insights provided us with a better understanding of the remarkable changes transforming your country, an understanding we hope to convey to the American people.

We also applaud your success in shaping China's promising future. Your individual efforts will contribute immeasurably to your country's greatness.

Hillary and I are grateful for the opportunity to learn from you, and wish you every future success.

Sincerely,

Bill Clinton

Professor Xie Xide
Room 703, Building 3
246 Wuxing Road
Shanghai 200030
China

THE BOSTON GLOBE • WEDNESDAY, JULY 1, 1998

AP PHOTO

President Clinton and Hillary Rodham Clinton listened to speakers yesterday at a gathering of intellectual and community leaders at a roundtable discussion at the library in Shanghai.

1 1996 年 10 月 26 日，谢希德主持上海市欧美同学会第五届理事会第一次会议（左 3 为谢希德）

2 上海市欧美同学会工作经验交流会（前排左 3 为谢希德、左 4 为丁石孙、右 2 为王生洪）

3 上海市欧美同学会会员证

4 谢希德出席上海市欧美同学会留东欧分会成立大会

5 谢希德在庆祝严东生先生 75 华诞学术报告会上

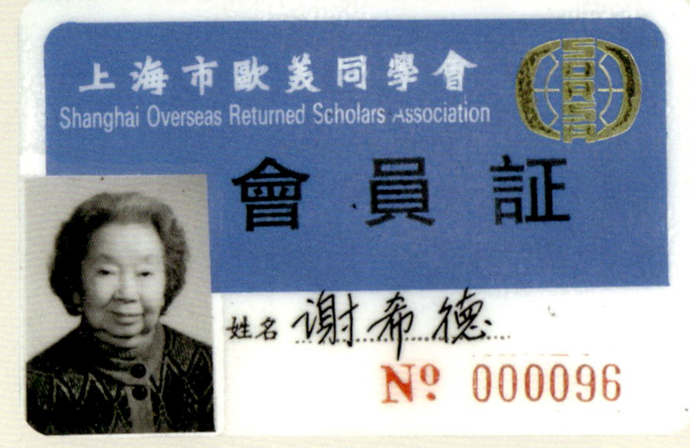

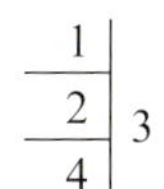

1&2&3 1983 年 6 月，谢希德校长出席在法国巴黎召开的世界银行第一个大学发展项目中外专家组联席会议

4 1983 年 6 月，谢希德校长出席在法国巴黎召开的世界银行第一个大学发展项目中外专家组联席会议代表团时参观巴黎市容

聘　书

兹聘请谢希德教授任世界银行贷款中国重点学科发展项目专家咨询组主席。

中华人民共和国国家教育委员会

一九九二年十一月一日

1 1990 年 3 月 28 日，世界银行贷款第二个大学发展项目中外专家咨询组来复旦大学检查项目执行情况，谢希德为中方审议委员会主席

2 教育部领导与世界银行中外专家组合影，何东昌（二排右 6）、谢希德（二排右 4）

3 世界银行贷款中国重点学科发展项目专家咨询组主席聘书

1 2
3

1 谢希德校长会见来访的世界银行评议局总局长

2 谢希德校长接见来访的世界银行贷款办成员

3 谢希德、曹天钦夫妇邀请世界银行专家组到家做客

参政议政

上海市政协主席

1988 年 4 月，谢希德当选为上海市第七届政协主席。她谦虚地说："做政协工作，我是个新手，没有经验。……要依靠新委员的热情和老委员的经验，把工作开展起来，踏踏实实地做几件事。"这踏踏实实做的第一件事，就是在她任上的第一次主席会议上通过了《关于上海市政协的会议制度》，把政协"政治协商，民主监督"的主要职能进一步规范化、制度化。之后，又相继制定了《上海市政协委员视察条例》《政协上海市委员会关于政治协商、民主监督经常化、制度化的暂行规定》等一系列条例，有力地推进了市政协制度化的建设。

谢希德十分重视发挥政协委员的智囊团作用，亲自带领委员，深入实际，体察民情，为振兴上海积极建言献策。她自己身体力行，带头提重要提案，如与七位委员联合提出："中央就纠正领导干部出国访问中不正之风发过文件，但在贯彻执行中出现了一些新的情况，影响了正常的对外学术交流。建议在审批出国访问的工作中区别对待。"又如与六位委员联合提案，在上海建造第三代同步辐射光源。

谢希德患有腿疾，但政协的视察活动她都坚持参加。有一次到宝钢，热轧车间里地面高低不平，还要爬小铁梯，一会上一会下。见她步履蹒跚，行动不便，同志们要她回办公室，可她却精神抖擞，坚持到底。又有一次去嘉定、奉贤视察农村工作，她不顾劝阻，冒着风雪，艰难地行走在泥泞的乡间小路上。在担任市政协主席后，市委办公厅曾向市政协提出给她配工作秘书，被她婉言谢绝。早在 80 年代，教育部也曾对复旦大学提出，给作为校长的谢希德请一位秘书，她也没有答应。正如她的同事所说："她考虑工作多，关心同志多，就是考虑自己少，是尽量少麻烦别人的一个人。"

1990 年 4 月 17 日，谢希德视察工厂企业时留影

1990 年，谢希德率政协委员视察江南造船厂

1
2
3

1 1992 年 1 月 6 日，上海市政协主席谢希德视察奉贤留影

2 谢希德参加华东六省一市政协工作交流会议

3 第八届全国政协常务委员会委员证

中国人民政治协商会议
第八届全国委员会
委员证

姓　　名 谢希德
性　　别 女
出生年月 1921.3
单　　位 中共

第 0000087 号

中国人民政治协商会议
第八届全国委员会
1993年3月1日

1 1991 年 12 月 1 日，谢希德参加南浦大桥通车仪式

2 上海市政协新老领导班子在市政协文化俱乐部前合影

3 第八届全国政协委员证

1
2 | 3

姓　名 谢希德
性　别 女
出生年月 1921.03
单　位 科协
中国人民政治协商会议第九届全国委员会
第 0749 号　1998 年 1 月 22 日

1 欢迎香港中华厂商联合会代表（前排左 5 为谢希德）

2 政协委员视察上海施贵宝药厂实验室

3 第九届全国政协委员证

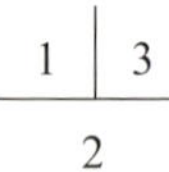

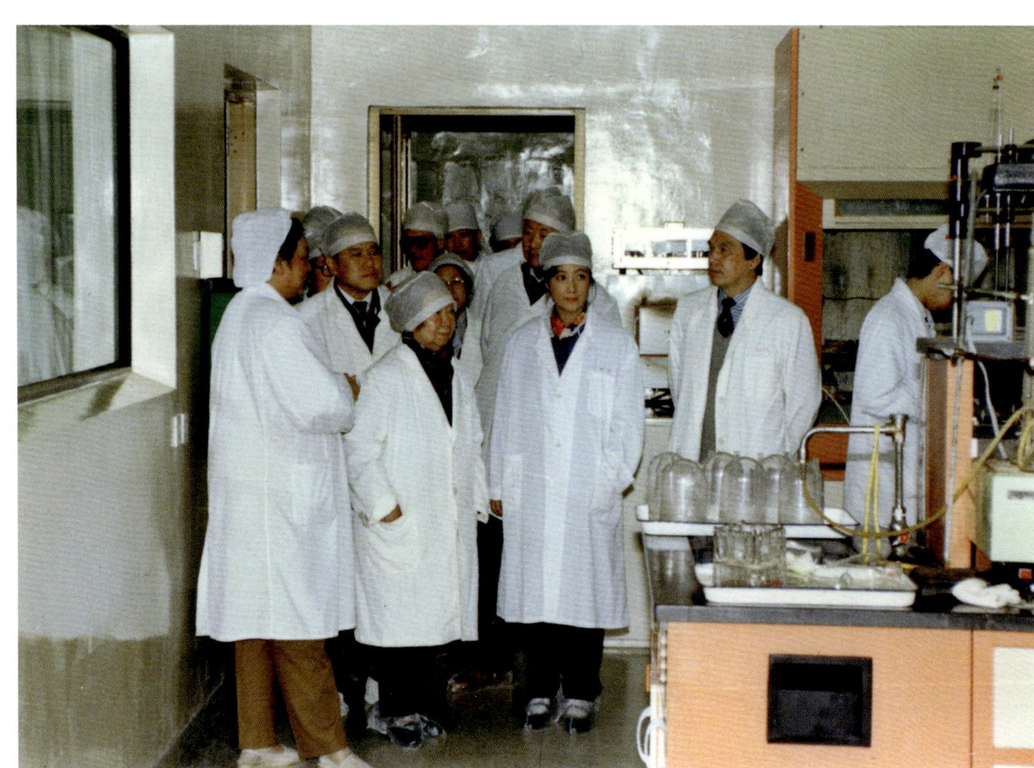

1 谢希德等政协领导到上海农村调研

2 上海市政协表彰优秀提案和先进承办单位大会（前排左 5 为谢希德）

其他社会履职

谢希德还是中国共产党第十二、十三届中央委员，第八、九届全国政协常委。

1984—1988 年，谢希德担任上海市第三届科学技术协会主席。她倡议把科协办成为各个学会、协会、研究会和广大科技人员服务的“科技工作者之家”。当时科协的口号是“科学技术必须面向经济建设，经济建设必须依靠科学技术”，谢希德提出把开展国内外学术交流和科学普及工作放在科协工作的首位。在谢希德主持下，科协的学术交流频繁活跃，科研气氛浓厚，科普工作得到重视，科协连续多年开展“科普之夏”活动，为促进上海科技事业的发展和市民科学文化素质的提高作出许多有益的贡献。

1 | 2

1 谢希德参加党的十三大，在人大会堂内留影

2 谢希德收集的有江泽民、朱镕基签名的十四大纪念邮票首日封

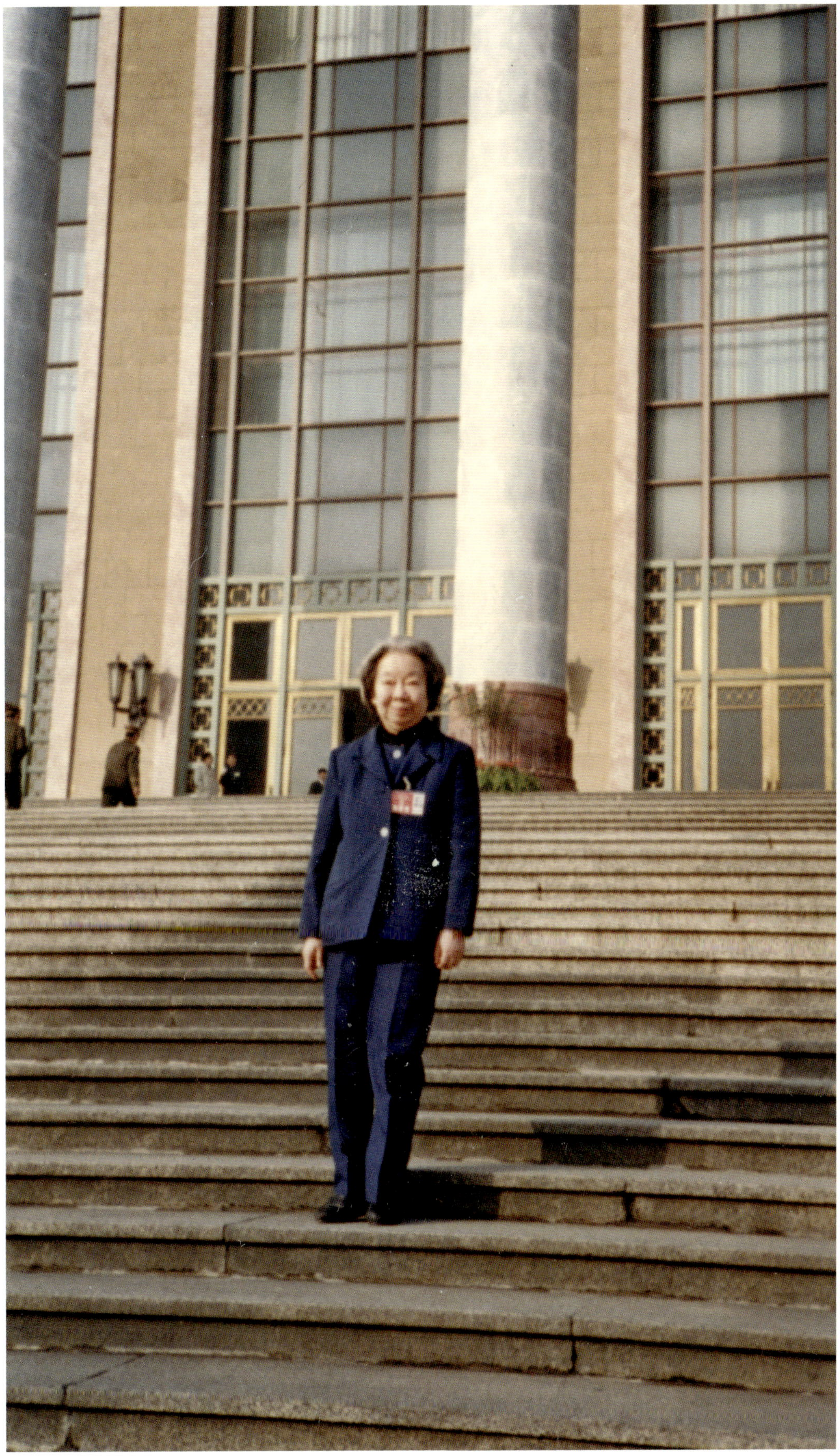

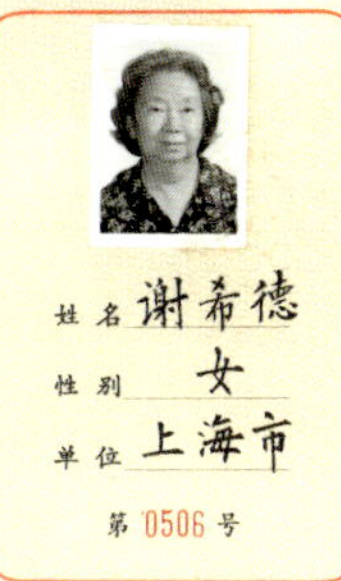

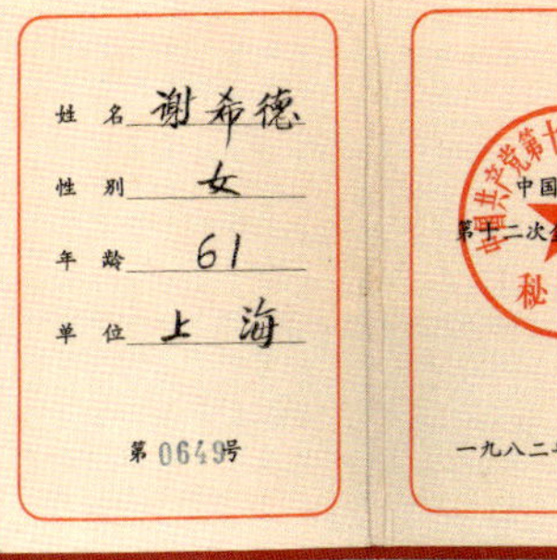

中国共产党
第十二次全国代表大会
代 表 证

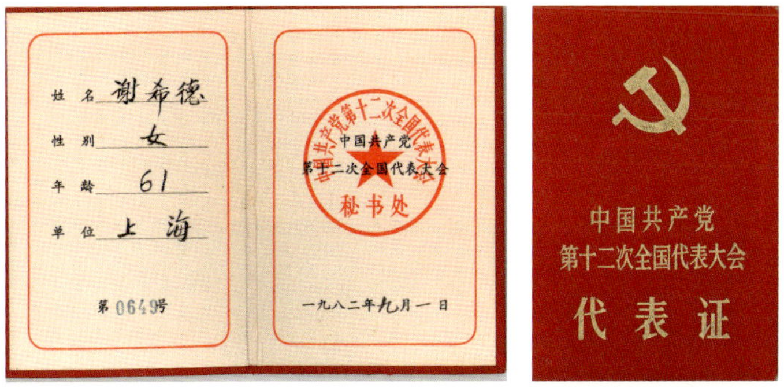

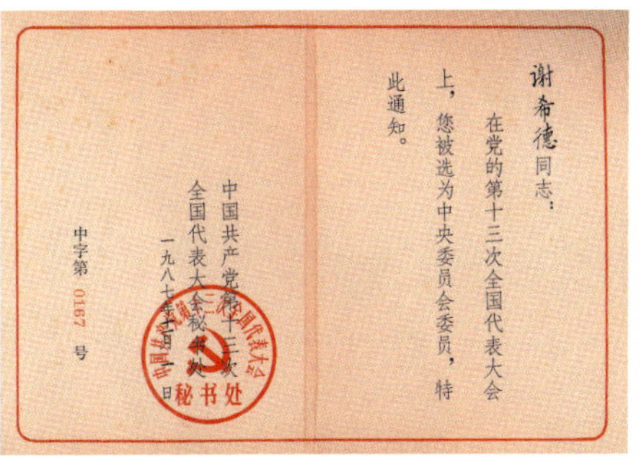
谢希德同志：

在党的第十三次全国代表大会上，您被选为中央委员会委员，特此通知。

中国共产党第十三次全国代表大会秘书处

一九八七年十一月一日

中字第 0167 号

1 谢希德参加党的十三大，在人大会堂台阶前留影

2 中共十三大代表证

3 中共十二大代表证

4 谢希德当选中共十三大中央委员的通知

5 中共十四大代表证

1994 年，谢希德与访问上海妇联的外国来宾合影

1 | 2
3

1&2 1995 年，谢希德参加联合国第四届妇女大会时在非政府组织（NGO）会议上

3 1989 年 9 月 29 日，谢希德在高校女教师座谈会上发言

1
2

1 谢希德（前排右 1）、周小燕（二排左 3）等与外国友人合影

2 全国妇联第四次大会代表证和出席证

1 谢希德（右 3）等妇联代表访问上海妇女儿童活动中心

2 谢希德与参加“中国妇女的机遇与挑战”研讨会的与会者合影

3 谢希德参加上海妇联活动

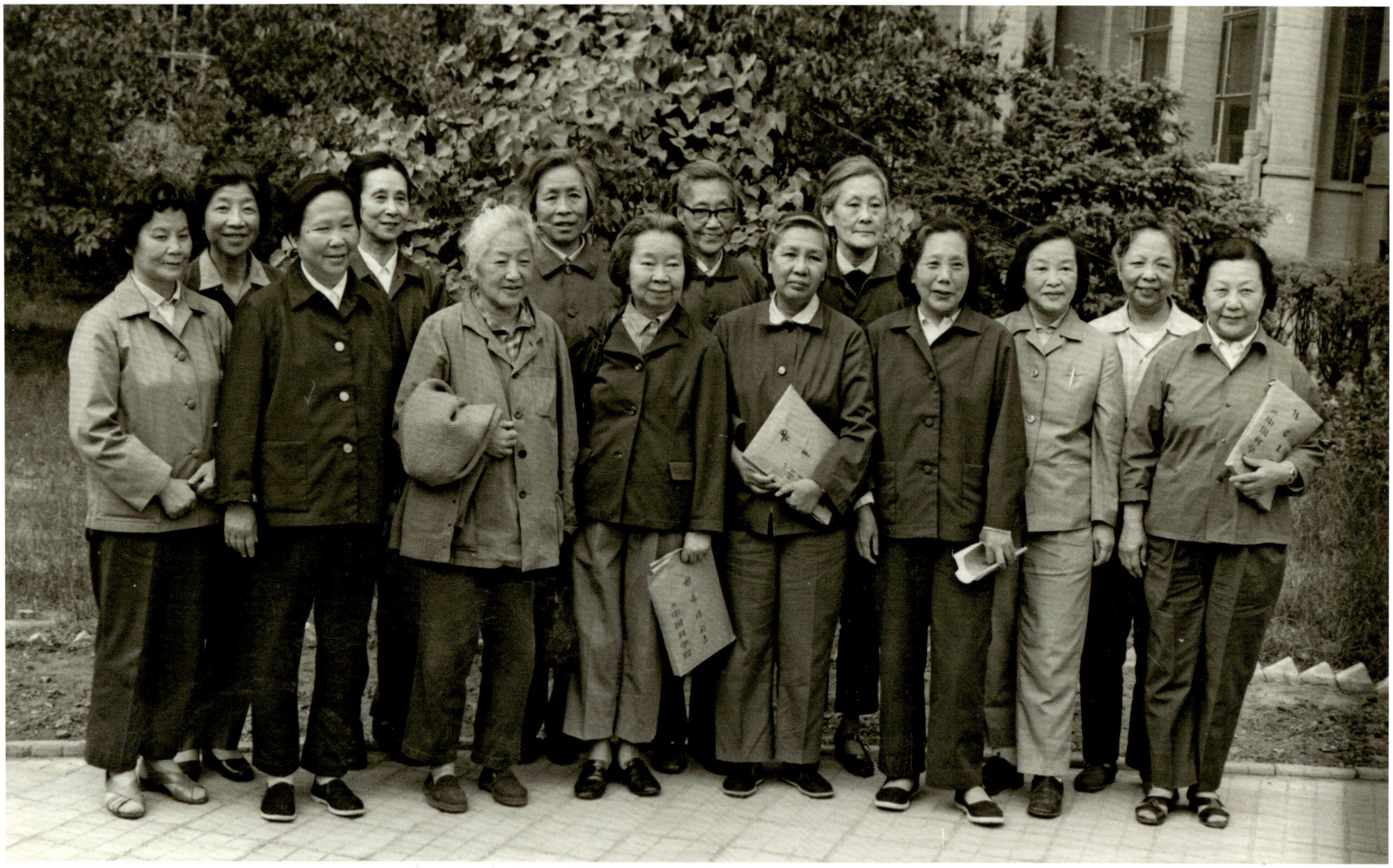

1 1980 年，谢希德与增补的 14 位女学部委员合影
前排从左至右：叶叔华、沈天慧、何泽慧、谢希德、黄量、高小霞、李敏华、陈茹玉
后排从左至右：李林、郝诒纯、池际尚、王承书、蒋丽金、林兰英

2 中国科学院学部委员证书

3 中国科学院院士证书

1
2 | 3

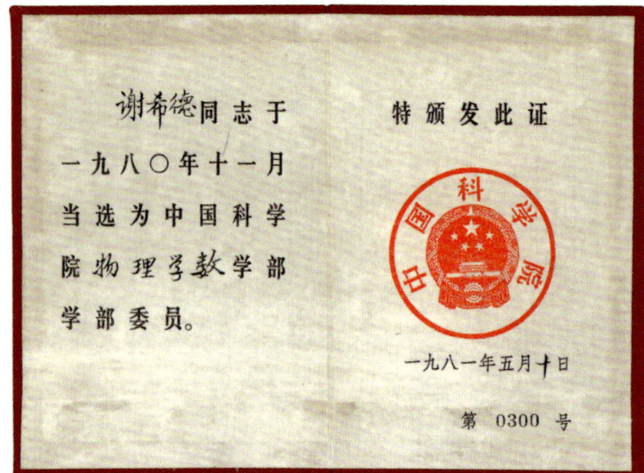

谢希德同志于
一九八〇年十一月
当选为中国科学
院物理学数学部
学部委员。
特颁发此证
中国科学院
一九八一年五月十日
第 0300 号
中国科学院
学部委员证书

THE CHINESE ACADEMY OF SCIENCES
谢希德
一九八〇年 当选为
中国科学院院士（学部委员）
院长 方毅

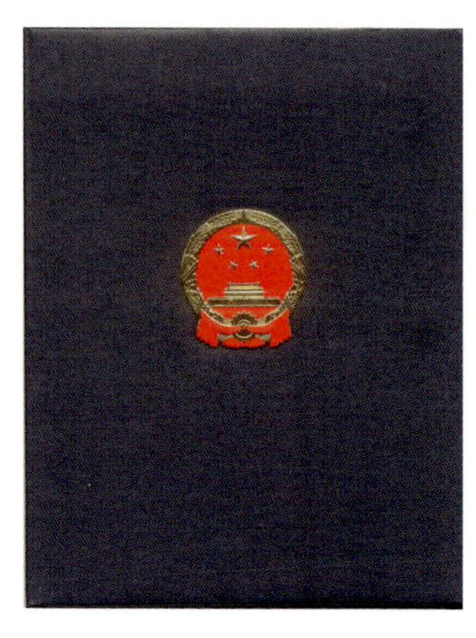

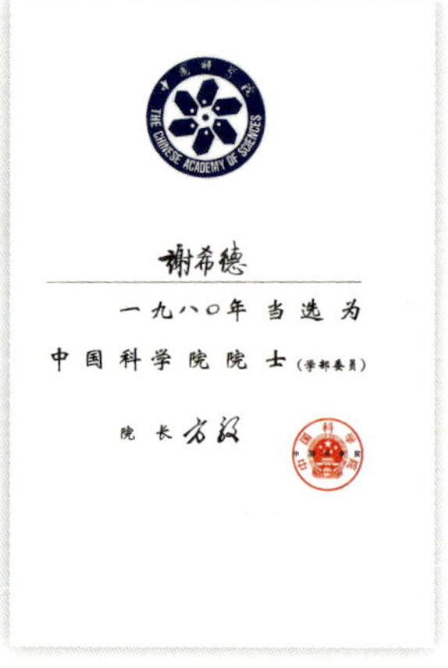

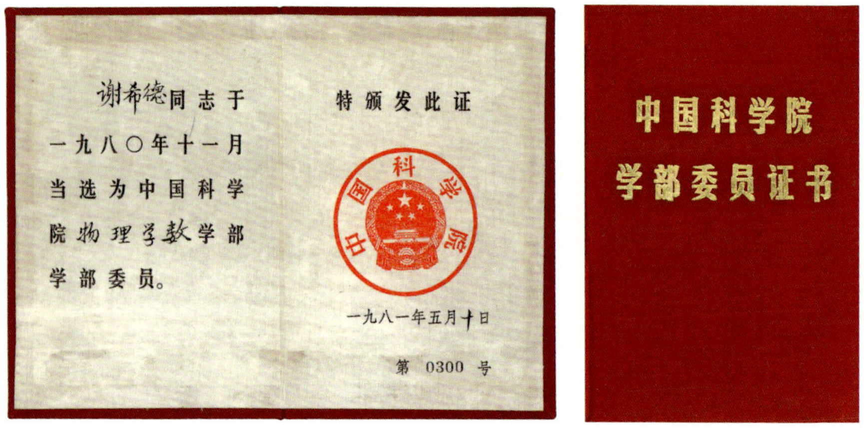

1
2

1 1990 年后，女学部委员合影
前排从左至右：叶叔华、蒋丽金、李林、谢希德、林兰英、陈茹玉、郝诒纯、高小霞、沈天慧、何泽慧
后排从左至右：赵玉芬、王业宁、张树政、尹文英、唐崇惕、张淑仪、张弥曼、吴德馨、夏培肃、李依依、胡和生

2 中国科学院院士证书

中国科学院沪区学部
迎春茶话

1 沪区学部委员迎春茶话会

2 1997 年，谢希德在就任杉达大学校长仪式上

3 曹光彪先生捐赠光彪楼授奖仪式

4 1998 年，谢希德出席杉达大学会议

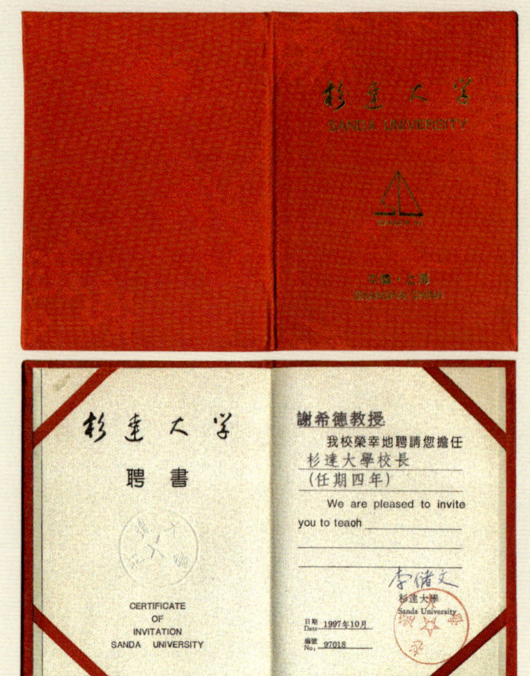

杉達大学
SANDA UNIVERSITY
中國·上海
SHANGHAI CHINA

杉達大学
聘 書
CERTIFICATE
OF
INVITATION
SANDA UNIVERSITY

謝希德教授:
我校榮幸地聘請您擔任
杉達大學校長
(任期四年)
We are pleased to invite you to teach ______
杉達大學
Sanda University
日期 Date 1997年10月
編號 No. 97018

1 | 4
2
3

1 谢希德与杉达大学校领导合影

2 谢希德与杉达大学袁济校长

3 杉达大学领导到华东医院探望谢希德

4 杉达大学聘书

1	4
2	5
3	

1 1992 年 12 月 22 日，谢希德在上海参观金属期货交易所时试敲成交锣

2 1997 年，谢希德到美国驻沪总领馆悼念尼克松总统逝世

3 1997 年，何梁何利基金获奖者合影（从左至右：叶叔华、何泽慧、谢希德）

4 1985 年 8 月 1 日，谢希德参加上海科技馆筹委会第一次会议

5 1995 年，谢希德在宝钢教育基金理事会第三次全体会议上讲话

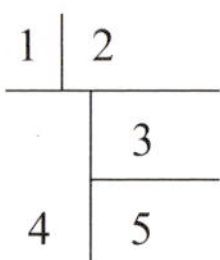

1 上海市劳动模范曹天钦

2 上海市劳动模范谢希德

3 谢希德、苏步青在上海市各界人民纪念辛亥革命八十周年大会上

4 1996 年 9 月 8 日，谢希德在上海庆祝第十二届教师节晚会上

5 谢希德参加上海市爱心假日学校的活动

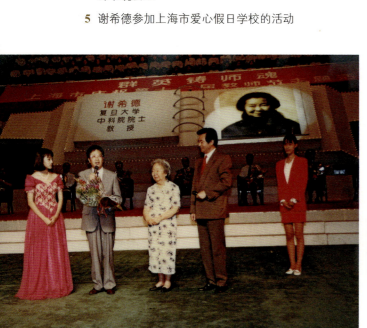

1 1997 年 6 月 1 日，小学生到家中看望谢希德

2 小学生到华东医院看望谢希德

3 1989 年 12 月，谢希德访问光明中学

1

2 | 3

1 和复旦大学附属小学学生在一起

2 1997 年 6 月 1 日，小学生到家中看望谢希德

3 四川路小学学生到家中看望谢希德

1&2 小学生探望谢希德

3 谢希德为孩子们写的《大科学家小讲台-冷冷热热》

4 谢希德为孩子们写的《院士科学课堂-冷热变化》

生活与家庭

我喜欢多色彩的生活。

——谢希德

钟，滴答滴答，永不停息，敦促我们要像钟那样，在改革中不断前进！钟，记录着流逝的岁月，希望我们珍惜宝贵的时光，为自己谱写无愧于时代的履历！

钟，总是每秒每分，那么严密，那么准确，激励着我们养成良好的学风和严谨的科学态度。

——谢希德

业余爱好

谢希德和丈夫、儿子都是集邮爱好者，家庭收藏了不少邮品。集邮是谢希德中学时就形成的业余爱好，图案优美、易于收藏的方寸艺术品间，蕴含着丰富的自然和人文知识，是她的启蒙教材之一。谢希德的邮票藏品中，有1984年美国奥运会发行的首日实寄封，福克兰群岛风土人情邮集，哈雷彗星专题邮集，党的十二大、十三大胜利召开时谢希德寄出的首日封，等等。

1981年4月，复旦大学集邮协会成立，谢希德应邀担任名誉会长。1984年，集邮协会举行第四届邮展，谢希德提供了三套集邮展品。在支持集邮协会健康发展的同时，她谆谆告诫学生，集邮作为业余爱好是有益的，但不要本末倒置，学生应该把主要精力放在学习上。谢希德在《求知交友话集邮》中说："通过集邮，既可增长知识，又可广交朋友。世界是如此之大，但有时给人的感觉却又是如此之小，方寸之中蕴藏着大千世界呵！"

谢希德从小体弱多病，极少参加体育运动，但她却关注体育新闻。抗日战争前，我国撑杆跳健将在一次世界赛的预选中出现，某报纸用套红的字体登出，给她留下深刻印象。她还喜欢看足球，世界杯赛转播时，还把儿子班上的球迷请到家里来看电视。谢希德在美国读书的时候还喜欢看棒球比赛。麻省理工学院所在的波士顿有一支著名的职业棒球队叫"红袜"，对棒球有兴趣的居民每逢比赛都去现场加油助威。受同学们影响，谢希德空闲时候也喜欢观看棒球比赛，以调剂生活和学习节奏，久而久之，还成了该队的球迷。在为复旦大学美国研究中心建造大楼而筹款时，谢希德去见美国众议院拨款委员会主席孔蒂，孔蒂也曾就读于麻省理工学院，也是"红袜"队的球迷。两人一见面，谢希德就问道："老朋友，'红袜'队最近赛事如何？"孔蒂听了非常高兴，两人无形之中也亲近许多。聊着聊着，谢希德很自然地就将话题转到美国研究中心筹资的事上。后来，孔蒂果然不负谢希德之望，在项目投资上出了不少力。

谢希德还喜欢古典音乐，喜欢看书报杂志，尤其是英文传记和与历史有关的文学作品。她还喜欢织毛线，收集朋友、学生寄来的节日贺卡，那一张张卡片，是亲情、友情的见证，承载着美好的回忆。

谢希德在家弹琴

谢希德在家利用零星的闲暇织毛衣

1980 年，儿子曹惟正为谢希德夫妇弹奏钢琴曲

1
2 | 3

1 1979 年，谢希德在家阳台上修剪曹天钦种的令箭荷花

2 谢希德在家弹琴

3 谢希德在家阳台上浇花

家 庭

1 1980 年春节，儿子曹惟正给父母拍的新年照

2 谢希德、曹天钦在交谈

3 谢希德、曹天钦在家看画册

4 1980 年代，谢希德夫妇搬到吴兴路新居后留影

5 1980 年代，谢希德、曹天钦在家中整理照片

6 1980 年代，谢希德、曹天钦在家看收到的贺年片

7 1980 年代，谢希德、曹天钦在家欣赏国外访问带回来的小礼品

伉俪情深

曹天钦是著名生物化学家，从事蛋白质和植物病毒分子生物学研究，是中国现代蛋白质研究的奠基人。谢希德与曹天钦1952年结婚，携手回国；1956年5月，同一天加入中国共产党；1980年11月，同时当选中国科学院学部委员。夫妻俩相互扶持、相濡以沫四十余年。家中十多平方米的工作室，除了写字台前的一小块空地以外全是书，夫妻俩常常相向而坐，读书研究。

1987年8月，曹天钦在以色列访问时不慎摔倒，使原有的颈椎病加重，回国后虽然做了手术，有过短暂的恢复，但由于脑系统受损，曹天钦的上下肢功能逐渐衰退，逐步影响到他的语言能力。谢希德在政务缠身、频繁的学术和外事活动之余，每天都要挤出时间去华东医院陪伴丈夫。在曹天钦住院的早期，她亲自给他点菜，安排一天的食谱，为他布置锻炼脑功能的数学、语文课程，每天还要扳丈夫的手臂，帮助他活动关节，疏通血脉，甚至经常为他更换病床旁的小花。每天下午，曹天钦让护工推他到窗口，等待谢希德的坐车开进华东医院大门。谢希德离开时，曹天钦总要护理人员推着他坐的轮椅，送她到电梯口。

1995年1月，曹天钦逝世，遗体捐赠给了医学事业。谢希德留下丈夫的一缕头发，葬在龙华烈士陵园，每年都去祭奠。谢希德晚年住院时，回忆起丈夫，深情地写道："我现在人在医院，却每天仍坚持工作，因为我做的不是我一个人的工作，它也代表曹天钦对国家的一份贡献，我的每一点成就，都有他的一份功劳。"

谢希德与曹天钦在华东医院

谢希德帮助住在华东医院的曹天钦用餐

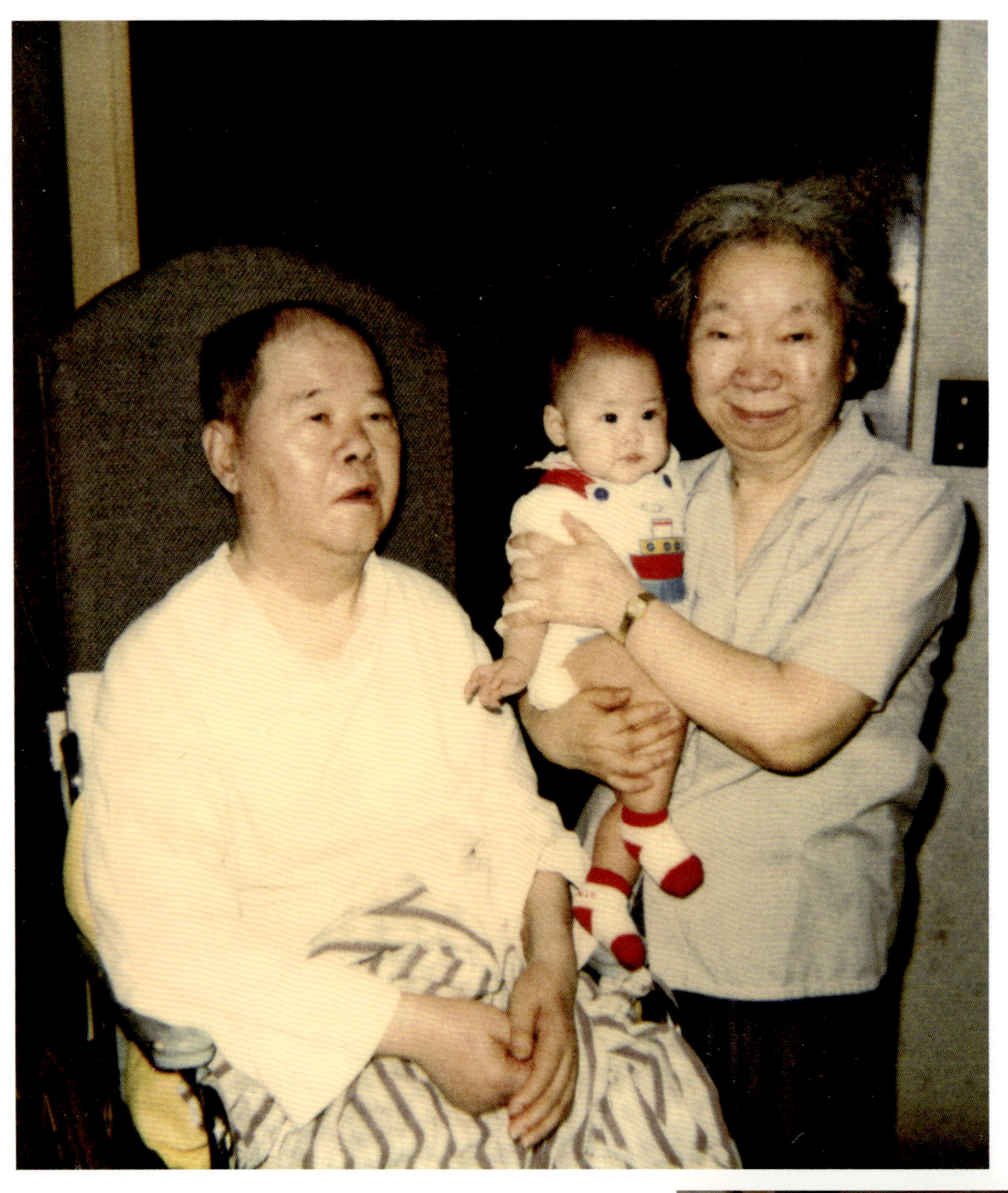

1
2

1 谢希德带刚到上海不久的孙女曹科林到华东医院看望爷爷曹天钦

2 在华东医院，从左至右：曹佩芳（谢希德秘书）、李载平（曹天钦学生）、曹天钦、郭慕荪（好友）、谢希德

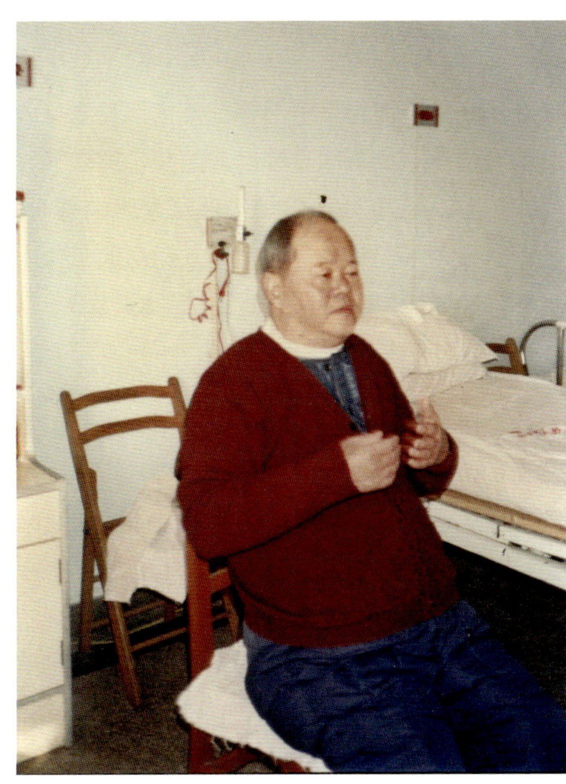

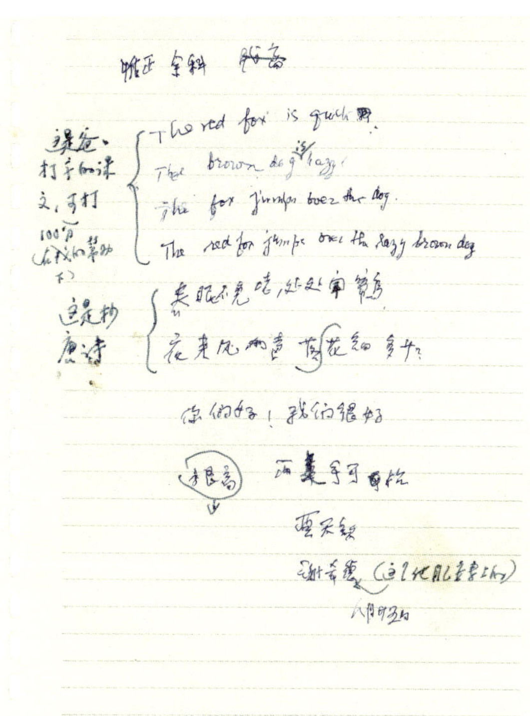

1 曹天钦在病房里做手部康复训练

2 为了帮助曹天钦恢复脑功能，谢希德在医院教曹天钦抄写唐诗，这是曹天钦的手迹

3 谢希德与曹天钦在华东医院

1	2
3	

物理学父女

1946 年，谢希德父亲谢玉铭前往菲律宾，受著名爱国侨领李清泉创办的“李氏兄弟进出口公司”之聘，担任副经理。但他不习惯商业，于是辞职去马尼拉东方大学，任教长达 18 年，其中 16 年担任物理系主任。1968 年谢玉铭退休，移居中国台湾。从 1946 年到 1986 年谢玉铭去世，父女二人再也没有见过面。

1930 年代初，在美国加州理工学院的谢玉铭和豪斯顿（Houston）教授用光学方法观察到“氢光子光谱移位”，这在光谱学和量子电动力学发展史上具有重要意义。后来同样发现这个现象的兰姆为此获得诺贝尔奖。1987 年，杨振宁在《一个真的故事》中讲述向谢希德询问谢玉铭早年研究工作的事，他问谢希德，谢玉铭为何没有与同是从事物理学研究的女儿谈起他自己三十年代的工作，谢希德沉默了一会儿，回答道：“……我于 1952 年回国，回国后曾多次给他老人家写信，都没有收到回信。我猜他对我不听他的话很不高兴。……我们父女四十年没有见面了。他一定很伤心，我也很伤心，因为我知道他一直特别喜欢我。”

在谢希德笔下，父亲总是每晚在书房工作到深夜，她多次提到父亲的读书习惯对自己的影响。在这种家庭氛围中，谢希德祖孙三代也都爱书。谢希德常带着年幼的儿子逛书店，儿子看书经常看得入迷忘记开灯，以至于很小就成了近视眼。即便在“文革”时，儿子也没有因“读书无用论”而丢掉爱书的习惯。“文革”结束后，曹惟正考取复旦大学物理系。谢希德对儿子的要求十分严格，作为校长的儿子，曹惟正从来没有因为是谢希德的儿子而在复旦大学搞特殊化。他每周日晚骑车到校，周六下午骑车回家。有事要找妈妈帮他从家里捎东西，他就付钱用校门口的公用电话。门房的工作人员都不知道他是谢校长的儿子。

良好的家风延续到第三代。孙女小时候有几个暑假来上海与奶奶一起生活，也养成了阅读的习惯。回忆起奶奶，孙女写道：“大家都在说谢教授、谢校长、谢先生，不过对我来说，她只是奶奶。她会和我一起看无聊的电视剧，上钢琴课时坐在我旁边的琴凳上。她会给我讲她过去的故事，还有我父亲的童年，每当我们想说什么悄悄话，她都会用英语跟我讲。她温柔的外表下，有一颗强大的内心。”

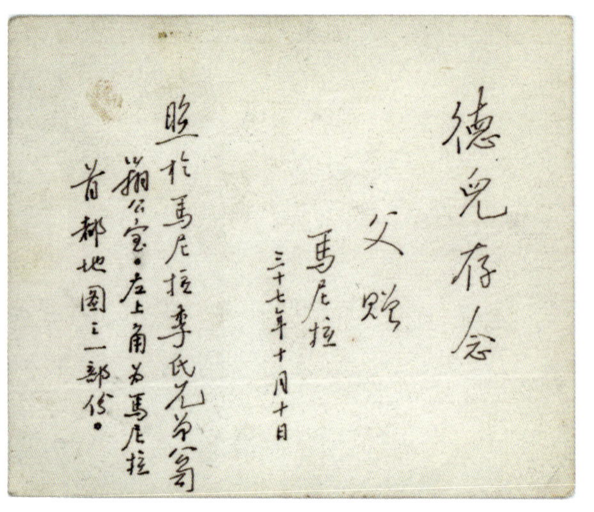

1948 年 10 月 10 日，谢玉铭于菲律宾马尼拉的公司内留影（右图为照片背面）

#10760

德兒存念
父贈
照於馬尼拉
民三十八年八月八日

1
2

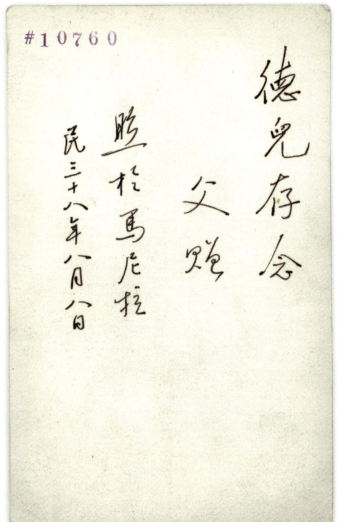

1 1949 年 8 月 8 日，谢玉铭于菲律宾马尼拉留影（右图为照片背面）

2 1959 年 4 月 9 日，谢希德父母谢玉铭、张舜英于香港留影

1

2 | 3

1 1987年秋，谢玉铭骨灰安葬后，谢希德与母亲，弟弟希文、希哲于北京香山万安公墓大门外留影

2 谢希德与大弟希文在谢玉铭追悼会上

3 谢希德在谢玉铭追悼会上

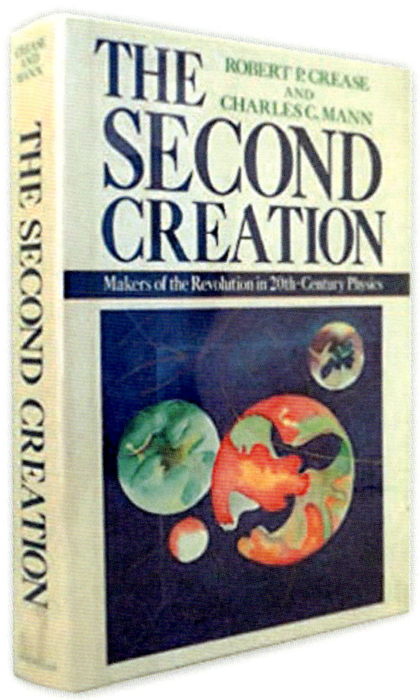

一个真的故事

杨振宁

1986年3月，我在纽约买到一本新书，名叫"Second Creation"（《第二次创生》），是两位研究物理学史的作家写的，他们是 R. P. Crease 与 C. C. Mann. 书中描述了本世纪许多重大的基本物理学发展. 全书二十章中有三章专门讨论发现重整化概念的实验与理论经过.

重整化是一个极重要的观念，它的发现获得了两次诺贝尔奖：W. E. Lamb 与 P. Kusch 1946—1947 年的实验工作于1955年得奖，朝永(S. Tomonaga), J. Schwinger 与 R.P. Feynman 1947—1948 年的理论工作于1965年得奖.《第二次创生》对这些获奖经过有很详尽的描述.

特别使我发生兴趣的是书中对这方面早年实验发展的讨论. 原来在三十年代就有好几个实验组已经在研究氢原子光谱，与后来 Lamb 在1946—1947年的工作是在同一方向.其中一组是加州理工学院的 W. V. Houston 和 Y. M. Hsieh. 他们做了当时极准确的实验，于1933年9月写成了长文投到"物理评论"（"Physical Review"），经五个月以后发表.《第二次创生》对此文极为推崇，说文中作了一个"从现在看来是惊人的提议"：他们的实验结果与当时理论结果不符合，他们说这可能是因为对于光子与原子的相互作用，理论工作者没有正确处理.

他们的实验结果从今天看来是正确的. 他们的提议也正是后来1947—1948年关于重整化的理论的主要发展方向. 不幸的是与他们先后同时有几个别的实验组得出了和他们不同的结果，产生了混乱的辩论，没有引起当时理论物理学界的广泛注意. 十多年以后，Lamb 用了新的技术研究氢原子光谱，得到了高度准确的结果，引起大震惊，才导致出来重整化的发展.

Houston 和 Hsieh 的工作我从来没有听说过. 看了《第二次创生》中对他们工作的推崇以后，我想到 Hsieh 也许是现任复旦大学校长谢希德的父亲谢玉铭教授. 可是一时不能证实. 非常凑巧，几天以后，谢希德自美国西岸打电话来讨论学术交流的事情. 我趁机会问她谢玉铭教授是否曾于三十年代初在加州理工学院访问，并曾与 Houston 合作. 她说：

"是的. 你为什么要问？"

我兴奋地告诉了她书中的故事，并且问：

"你知道不知道你父亲那时的工作很好，比 Lamb 的有名的工作早了十几年，而且 Lamb 的结果证明你父亲的实验是正确的？"

"我从来不知道. 当时他只告诉我，在从事很重要的实验".

"你们父女都是研究物理的，Lamb 的1946—1947年的工作引起震惊的时候你已经是物理学工作者了，他怎么没有和你谈起他自己三十年代的工作呢？"

电话那端沉默了一会儿，"说来话长. 我们没有机会. 家父于解放前去了菲律宾，他写信要我留在美国或英国. 我于1952年回国. 回国后曾多次给他老人家写信，都没有收到回信. 我猜他对我不听他的话很不高兴. 所以我们始终没有机会讨论他早年的工作。"

我本来知道谢希德在五十年代对培养中国半导体研究人才的功劳，也知道她在文革时期所受到的灾难，和文革以后对复旦大学的贡献. 却没有知道她和她父亲之间的这一段历史. 一时我不知应说什么好. 希德停顿了一下，接着说下去：

"前几天，我刚自上海来到美国西岸，到芝加哥时突然接到消息，家父于三月二十日在台湾去世了. 他大约是十多年前自菲律宾退休以后搬去台湾的。"

又停顿了一下。

"我们父女四十年没有见面了. 他一定很伤心. 我也很伤心，因为我知道他一直特别喜欢我。"

1 *The Second Creation*（《第二次创造》）

2《一个真的故事》，发表于物理杂志

3 杨振宁《一个真的故事》手稿第 1 页

4 杨振宁《一个真的故事》手稿第 2 页

5 杨振宁《一个真的故事》手稿第 3 页

6 杨振宁《一个真的故事》手稿第 4 页

1 | 2

3 | 4 | 5 | 6

祖孙

1&2 1991 年，谢希德与孙女曹科林在上海家中合影

3 1991 年 12 月，谢希德在上海家中庆祝孙女一周岁

1991 年，谢希德和孙女在上海家中合影

1&2 1996 年，谢希德与孙女在美国合影

3 1998 年夏天，孙女到华东医院探望术后的奶奶

1

2 | 3

1
2 | 3

1 1998 年 3 月，谢希德参加美国物理学会“三月会议”后与孙女合影

2 1998 年 7 月 23 日，谢希德与孙女合影

3 1999 年夏天，谢希德给孙女讲故事

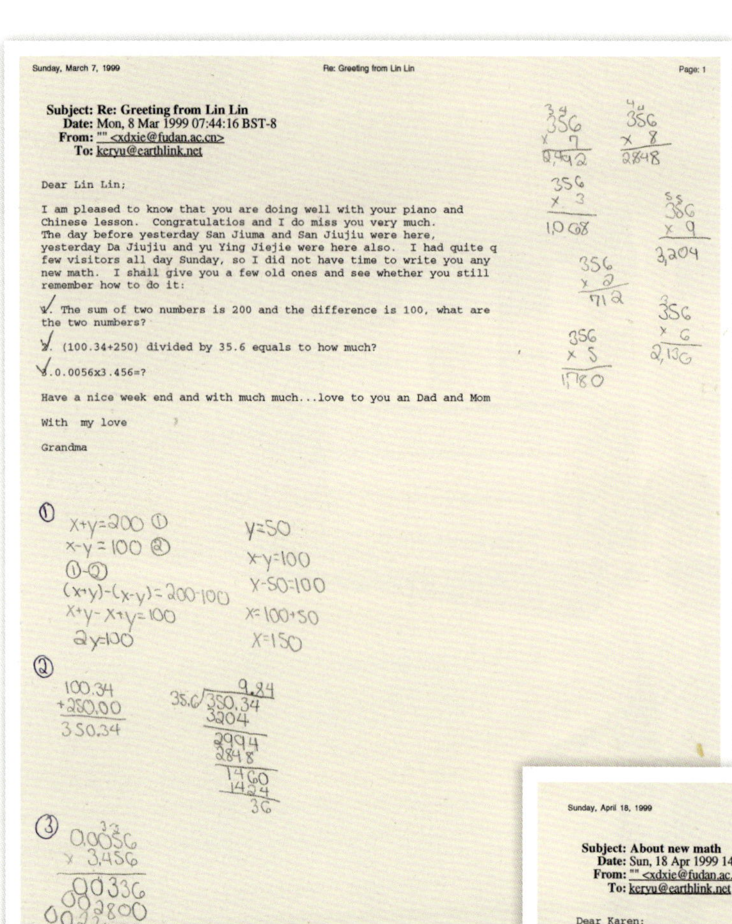

Sunday, March 7, 1999　　Re: Greeting from Lin Lin　　Page: 1

Subject: Re: Greeting from Lin Lin
Date: Mon, 8 Mar 1999 07:44:16 BST-8
From: "" <xdxie@fudan.ac.cn>
To: keryu@earthlink.net

Dear Lin Lin;

I am pleased to know that you are doing well with your piano and Chinese lesson. Congratulatios and I do miss you very much. The day before yesterday San Jiuma and San Jiujiu were here, yesterday Da Jiujiu and yu Ying Jiejie were here also. I had quite q few visitors all day Sunday, so I did not have time to write you any new math. I shall give you a few old ones and see whether you still remember how to do it:

1. The sum of two numbers is 200 and the difference is 100, what are the two numbers?

2. (100.34+250) divided by 35.6 equals to how much?

3.0.0056x3.456=?

Have a nice week end and with much much...love to you an Dad and Mom

With my love

Grandma

mailbox:/Macintosh%20HD/System%20Folder/Preferences/Netscape%20Users/Ker%20Yu/Mail/

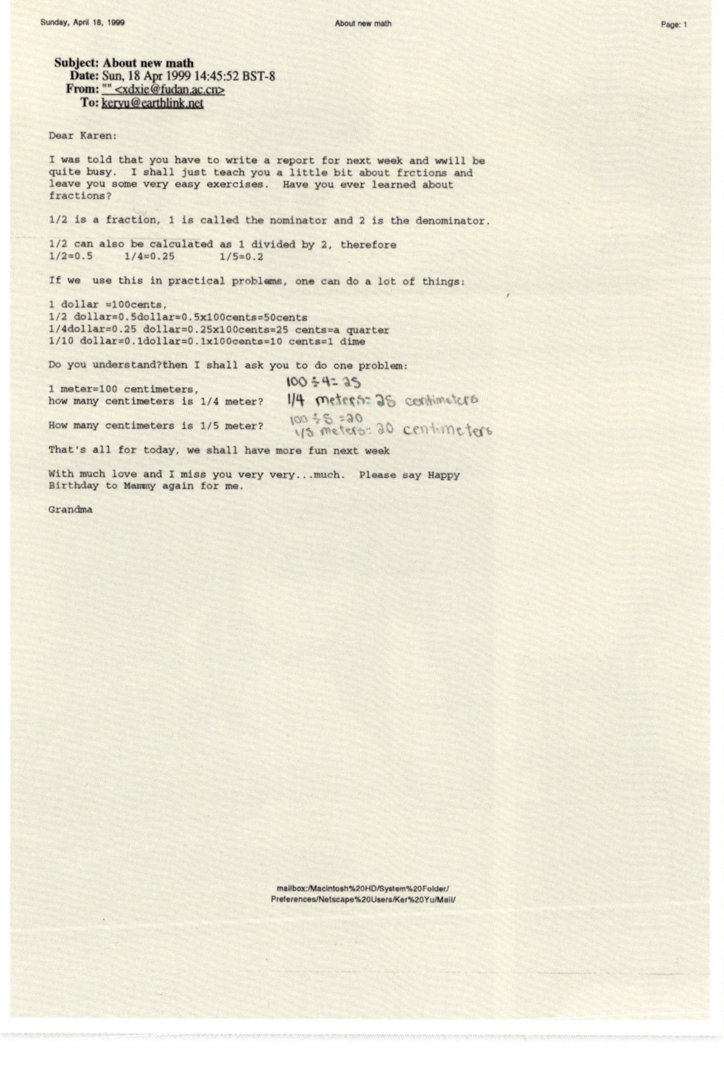

Sunday, April 18, 1999　　About new math　　Page: 1

Subject: About new math
Date: Sun, 18 Apr 1999 14:45:52 BST-8
From: "" <xdxie@fudan.ac.cn>
To: keryu@earthlink.net

Dear Karen:

I was told that you have to write a report for next week and wwill be quite busy. I shall just teach you a little bit about frctions and leave you some very easy exercises. Have you ever learned about fractions?

1/2 is a fraction, 1 is called the nominator and 2 is the denominator.

1/2 can also be calculated as 1 divided by 2, therefore
1/2=0.5　　1/4=0.25　　1/5=0.2

If we use this in practical problems, one can do a lot of things:

1 dollar =100cents,
1/2 dollar=0.5dollar=0.5x100cents=50cents
1/4dollar=0.25 dollar=0.25x100cents=25 cents=a quarter
1/10 dollar=0.1dollar=0.1x100cents=10 cents=1 dime

Do you understand?then I shall ask you to do one problem:

1 meter=100 centimeters,
how many centimeters is 1/4 meter?

How many centimeters is 1/5 meter?

That's all for today, we shall have more fun next week

With much love and I miss you very very...much. Please say Happy Birthday to Mammy again for me.

Grandma

mailbox:/Macintosh%20HD/System%20Folder/Preferences/Netscape%20Users/Ker%20Yu/Mail/

1&2 1999年3月9日，谢希德在医院用电子邮件给孙女出的数学作业

3 1999年夏天，孙女暑假来上海看望奶奶

1	2
	3

1 1992 年，谢希德访问美国宾夕法尼亚大学

2 2012 年，孙女在美国宾夕法尼亚大学沃尔顿商学院获得经济学士学位

3 2012 年，孙女在美国宾夕法尼亚大学工学院获得工程学士学位

亲朋好友

1 80 年代初，谢希德全家与母亲张舜英在沪合影

2 谢希德与曹天钦母亲及弟弟希文全家合影

1

2

1 谢希德与几十年未见的姨妈在福建老家合影

2 谢希德与舅母、贝满同学全赓珍在北京合影

3 80年代中，谢希德与曹天钦妹妹曹如宾在家合影（从左至右：倪雁、郭勤、倪惟刚、曹如宾）

4 1986年，谢希德与母亲张舜英（坐者）及弟弟希文全家合影

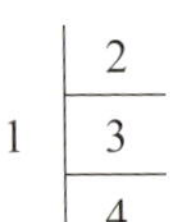

1 1992 年，谢希德在美国与儿媳、孙女合影

2 1995 年 1 月，谢希德在家与曹天钦二哥曹筱镇 (左 2)、侄女曹玖玖 (左 1) 及儿子、孙女合影

3 1996 年，谢希德与外甥谢挺夫妇合影

4 1987 年，谢希德与外甥谢冲夫妇在家中合影

1 1989 年，谢希德、曹惟正与儿媳余科家人于上海政协礼堂前合影

2 1997 年夏天，谢希德在上海家中给弟弟希哲庆生

1 谢希德与弟弟希仁夫妇合影

2 谢希德、曹天钦与亲戚合影（从左至右：曹群、曹惟正、曹天钦、谢希德、郭勤、倪雁、曹雁行、张淑华）

3 谢希德（香港《文汇报》驻沪记者张萍 1992 年 11 月 6 日摄）

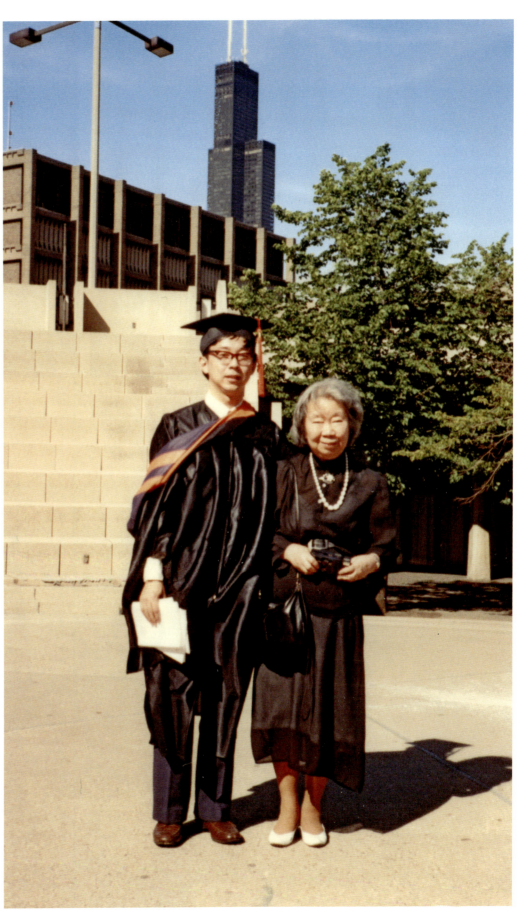

1 谢希德与母亲及舅舅在上海家中合影

2 谢希德在美国与儿子、儿媳合影

3 谢希德在伊利诺伊大学芝加哥分校参加儿子曹惟正的硕士毕业典礼

1	2
3	4

1 谢希德在伊利诺斯大学副校长埃德温·戈德华瑟（Edwin Goldwasser）家做客

2 谢希德与儿子全家在纽约与甘维珍女士合影

3 谢希德、曹天钦与好友黄兴宗夫妇在家中合影

4 谢希德在美国华盛顿机场和厦门大学 1946 级同学庄昭顺、朱一雄夫妇合影

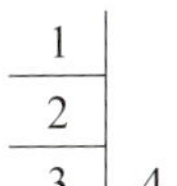

1 美国西北大学物理系教授阿瑟·弗里曼（Arthur Freeman）访问复旦大学。弗里曼教授是谢希德在麻省理工学院读研究生时的同学

2 1997年3月7日，谢希德与好友桂慧君、郭慕孙、叶道纯在北京合影

3 谢希德与复旦大学客座教授、美国罗格斯大学教授埃德温·戈德华瑟及其夫人雪娅合影

4 谢希德在好友黄定中、杨念祖夫妇家做客。黄定中与谢希德是史密斯学院的室友、麻省理工学院的同学

最后的日子

1998 年 7 月，谢希德被确诊乳腺癌复发了。她坚持参加完“'98 中华学人与 21 世纪上海发展”国际研讨会的全部活动，才住进医院。大家去探望她时，她总乐观地一边听音乐一边看英文小说，受尽了放疗和化疗痛苦的她依然保持平静开朗的心境。人们走进她的病房时，往往能看到那个站在柜子边使用笔记本电脑，聚精会神工作的身影。1999 年 10 月 1 日，新中国成立 50 周年的时候，谢希德暂时出院。在 12 月 13 日因癌细胞扩散而再次住进医院之前的短短两个月里，她去北京参加了学部委员会议、参加了江泽民总书记接待《辞海》编辑部成员的活动，还连任了欧美同学会会长。2000 年 3 月 4 日，谢希德逝世于上海，享年 79 岁。

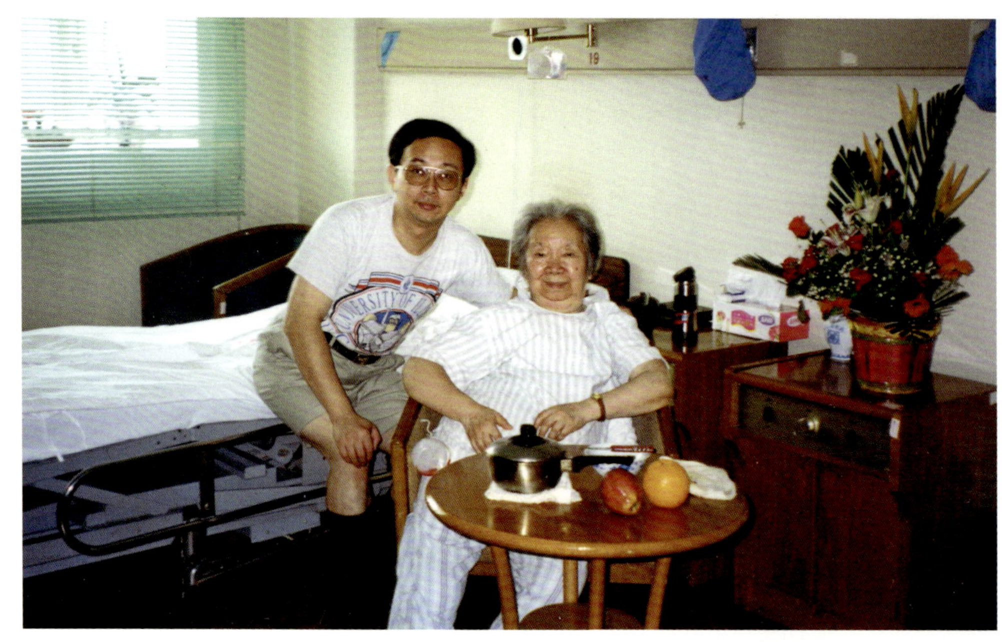

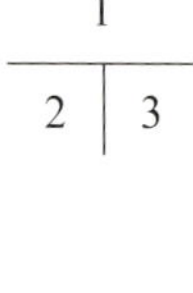

1 1998 年 8 月 13 日，谢希德与儿子曹惟正在华东医院病房中合影

2 1998 年 8 月 4 日，谢希德与秘书曹佩芳、司机倪明于华东医院合影

3 1999 年 1 月，江泽民主席送给谢希德的花篮

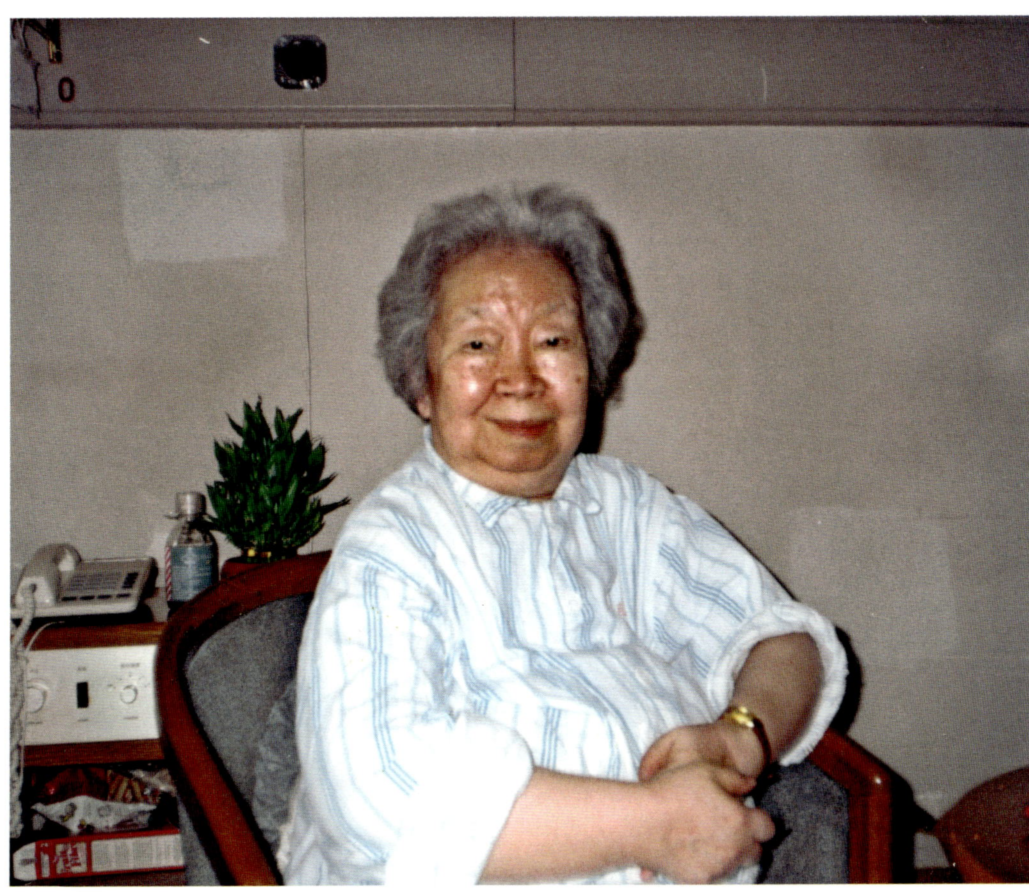

Oct 31. 1998

Dear friends: It is now near the end of 1998, I would like to wish you Merry Christmas and a Happy New Year.

I had a very busy schedule in the first half of the year. In addition to some domestic conferences, in mid March I was at the Big Island Hawaii for a Conference organized by Princeton University and then on March 15th I went to LA to attend the American Physical Society March Meeting and also gave some lectures at University of Southern California as the Provost's Distinguished Lecturer. At LA I had the pleasure of attending a gathering organized by the Xiamen University Alumni and Alumnae. My trip ended up with a brief rest at my son's home in New Jersey. In June soon after the Meeting of the Chinese Academy of Sciences held in Beijing, I visited Cleveland and received an honorary degree from the Cleveland State University. The city has changed a lot since my last visit in the early eighties. After that I visited my son again and made a trip to Media ,Pennsylvania attending a luncheon reception organized by Congressman Curt Weldon and gave a brief talk on the Sino US Relationship.

The highlights of my activities after my return were to attend the roundtable discussion at the Shanghai Library welcoming President and Mrs. Bill Clinton in late June and chair an International Conference organized by the Shanghai Overseas Returned Students Association held on July 26th. During the midst of those activities, I had the feeling that there might be something wrong with my right breast. After the infrared scan and the Mo. target X ray mammography and the check up by a breast cancer specialist, I was hospitalized during the second day of the Conference and was operated on Aug.6th for the cancer in the right breast. My son returned for my surgery from Aug.4-16 which was a great comfort for me. The other pleasure was that my granddaughter spent her summer at my home in Shanghai and made lots of progress in her spoken and written Chinese.

The surgery was supposed to be quite successful and now I have been through for three rounds of chemotherapy and will have the radiotherapy next week. After that I still have three more rounds of chemotherapy. So far I am fine, still strong in appearance though somewhat weak internally.

I still have access to Email with the address xdxie@fudan.ac.cn from both home and the Hopstial My telephone is +86-21-62481456 in the Hospital and 64335349 at home. Unfortunately I can only make local calls in the Hospital though I can receive external calls.

Many thanks to those friends who sent notes to me for my quick recovery, I would like to express my deepest appreciation for all your kindness.
With my best
Sincerely yours,

Xie Xide 谢希德 Xie Xide

Nov.30,1999

Dear friends:

Merry Christmas and Happy New Year!

I had a very quiet year of 1999. After six courses of chemotherapy and the required radiotherapy, I left the Hospital on Jan.29,1999. However I was in again on Feb.2nd, first with an inflammation in the right arm and then with anemia due to the prolonged chemotherapy and radiotherapy.

I have been in the Hospital from Feb.2nd to September 30. When my son and his family were here in early July, I was allowed to be out of the Hospital for two weeks during the period of their stay in Shanghai. After their departure, my granddaughter stayed over the summer. I was able to return home in weekends. She left Shanghai for the US on Sept.5th with the flight attendants of NW and Continental. I am looking forward for her visit again in the simmer of the year 2000.

Now my white blood cells are normal without any medication. However, the red blood cells are still around 3 million with 2 shots per week for boosting the blood counts. Have been to Beijing from Oct.10-16 for the election of the 1999 new members of the Chinese Academy of Sciences. I am not as active as before the operation and try to take life easier.

I am very grateful for the letters and cards sent me during the past year from many friends and have met some friends in the Hospital or at home. Hope that we can meet again in the new century.

Good luck to you again for the new millennium!

With my best wishes

Xie Xide
Telephone +86-21-64335349(home)
Email: xdxie@fudan.ac.cn
fax: +86-21-64335349 (home) between 10 pm to 6 am my time
+86-21-65104949 (O)

1	2
3	

1 1999年9月13日，谢希德于华东医院留影

2 1998年10月30日，谢希德给朋友的圣诞贺年信

3 1999年11月30日，谢希德给朋友的圣诞贺年信（这也是最后一封贺年信）

荣誉学位

美国史密斯学院

Smith College, USA

荣誉科学博士学位 Doctor of Science

1981 年 6 月

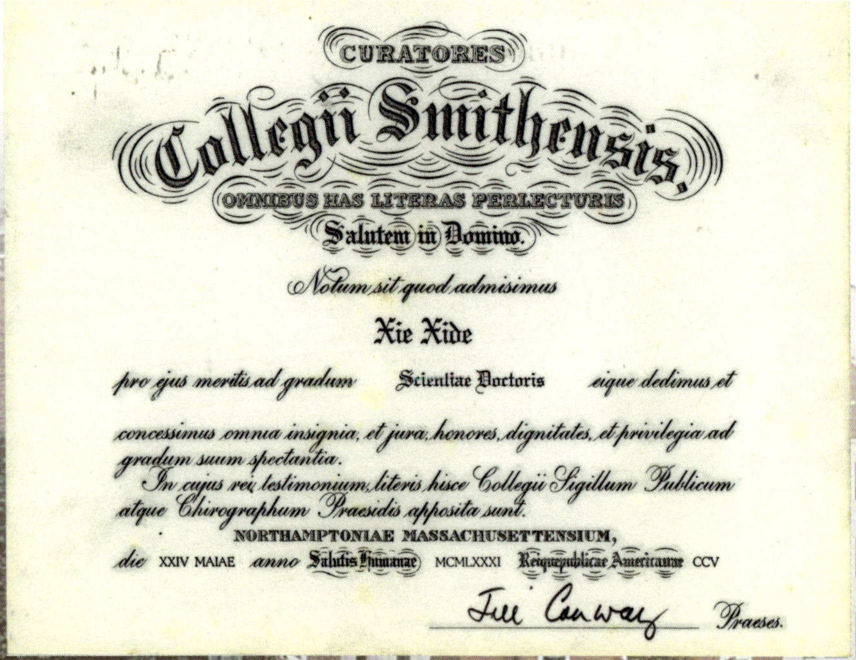

CURATORES

Collegii Smithensis,

OMNIBUS HAS LITERAS PERLECTURIS

Salutem in Domino.

Notum sit quod admisimus

Xie Xide

pro ejus meritis ad gradum Scientiae Doctoris eique dedimus et concessimus omnia insignia, et jura, honores, dignitates, et privilegia ad gradum suum spectantia.

In cujus rei testimonium, literis hisce Collegii Sigillum Publicum atque Chirographum Praesidis apposita sunt.

NORTHAMPTONIAE MASSACHUSETTENSIUM,

die XXIV MAIAE anno Salutis Humanae MCMLXXXI Reique publicae Americanae CCV

Jill Conway Praeses.

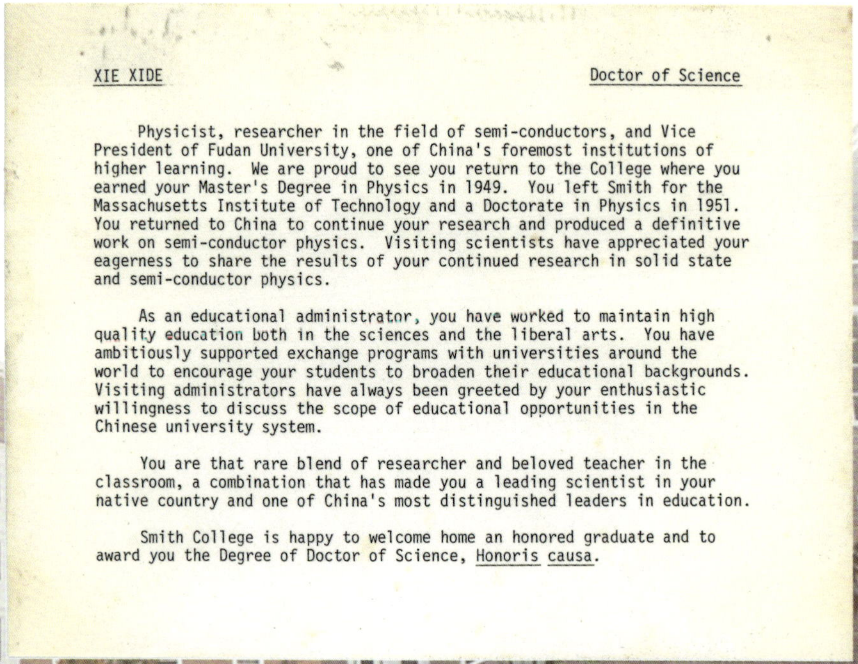

XIE XIDE Doctor of Science

Physicist, researcher in the field of semi-conductors, and Vice President of Fudan University, one of China's foremost institutions of higher learning. We are proud to see you return to the College where you earned your Master's Degree in Physics in 1949. You left Smith for the Massachusetts Institute of Technology and a Doctorate in Physics in 1951. You returned to China to continue your research and produced a definitive work on semi-conductor physics. Visiting scientists have appreciated your eagerness to share the results of your continued research in solid state and semi-conductor physics.

As an educational administrator, you have worked to maintain high quality education both in the sciences and the liberal arts. You have ambitiously supported exchange programs with universities around the world to encourage your students to broaden their educational backgrounds. Visiting administrators have always been greeted by your enthusiastic willingness to discuss the scope of educational opportunities in the Chinese university system.

You are that rare blend of researcher and beloved teacher in the classroom, a combination that has made you a leading scientist in your native country and one of China's most distinguished leaders in education.

Smith College is happy to welcome home an honored graduate and to award you the Degree of Doctor of Science, Honoris causa.

SMITH COLLEGE

1847-1981

美国纽约市立大学市立学院

City College of New York, USA

荣誉科学博士学位 Doctor of Science

1981 年 6 月 7 日

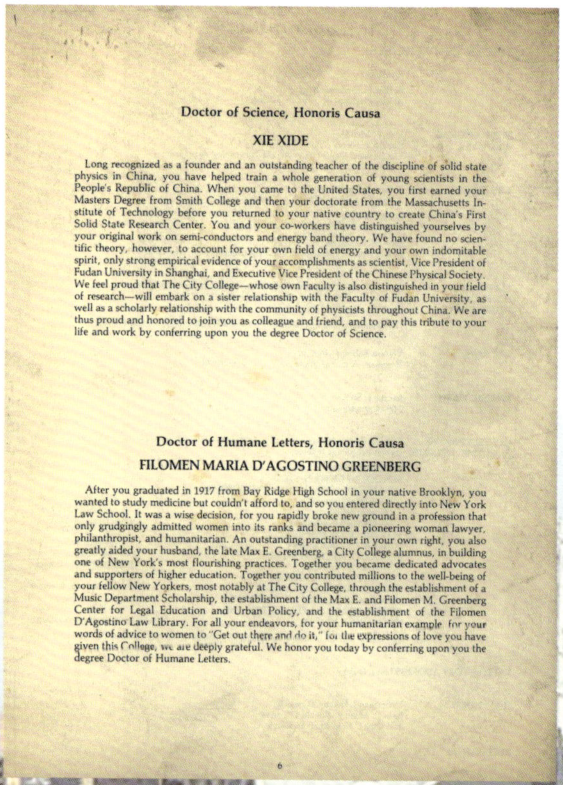

Doctor of Science, Honoris Causa

XIE XIDE

Long recognized as a founder and an outstanding teacher of the discipline of solid state physics in China, you have helped train a whole generation of young scientists in the People's Republic of China. When you came to the United States, you first earned your Masters Degree from Smith College and then your doctorate from the Massachusetts Institute of Technology before you returned to your native country to create China's First Solid State Research Center. You and your co-workers have distinguished yourselves by your original work on semi-conductors and energy band theory. We have found no scientific theory, however, to account for your own field of energy and your own indomitable spirit, only strong empirical evidence of your accomplishments as scientist, Vice President of Fudan University in Shanghai, and Executive Vice President of the Chinese Physical Society. We feel proud that The City College—whose own Faculty is also distinguished in your field of research—will embark on a sister relationship with the Faculty of Fudan University, as well as a scholarly relationship with the community of physicists throughout China. We are thus proud and honored to join you as colleague and friend, and to pay this tribute to your life and work by conferring upon you the degree Doctor of Science.

Doctor of Humane Letters, Honoris Causa

FILOMEN MARIA D'AGOSTINO GREENBERG

After you graduated in 1917 from Bay Ridge High School in your native Brooklyn, you wanted to study medicine but couldn't afford to, and so you entered directly into New York Law School. It was a wise decision, for you rapidly broke new ground in a profession that only grudgingly admitted women into its ranks and became a pioneering woman lawyer, philanthropist, and humanitarian. An outstanding practitioner in your own right, you also greatly aided your husband, the late Max E. Greenberg, a City College alumnus, in building one of New York's most flourishing practices. Together you became dedicated advocates and supporters of higher education. Together you contributed millions to the well-being of your fellow New Yorkers, most notably at The City College, through the establishment of a Music Department Scholarship, the establishment of the Max E. and Filomen M. Greenberg Center for Legal Education and Urban Policy, and the establishment of the Filomen D'Agostino Law Library. For all your endeavors, for your humanitarian example, for your words of advice to women to "Get out there and do it," for the expressions of love you have given this College, we are deeply grateful. We honor you today by conferring upon you the degree Doctor of Humane Letters.

6

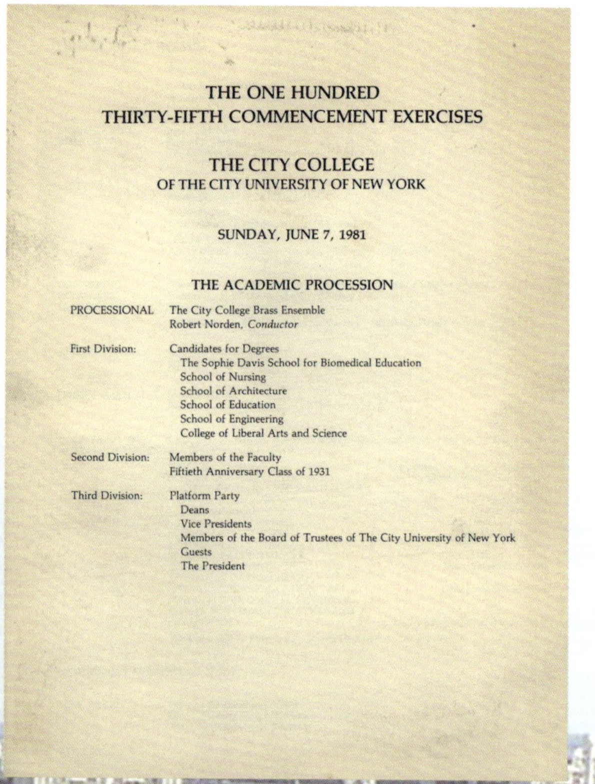

THE ONE HUNDRED THIRTY-FIFTH COMMENCEMENT EXERCISES

THE CITY COLLEGE
OF THE CITY UNIVERSITY OF NEW YORK

SUNDAY, JUNE 7, 1981

THE ACADEMIC PROCESSION

PROCESSIONAL — The City College Brass Ensemble
Robert Norden, *Conductor*

First Division: — Candidates for Degrees
- The Sophie Davis School for Biomedical Education
- School of Nursing
- School of Architecture
- School of Education
- School of Engineering
- College of Liberal Arts and Science

Second Division: — Members of the Faculty
Fiftieth Anniversary Class of 1931

Third Division: — Platform Party
- Deans
- Vice Presidents
- Members of the Board of Trustees of The City University of New York
- Guests
- The President

ADSPICE
EBORAC
SIGILL
PROSPICE
MD
ccny
ccny
ccny

英国里兹大学

Leeds University, Great Britain

荣誉科学博士 Doctor of Science

1985 年 5 月 14 日

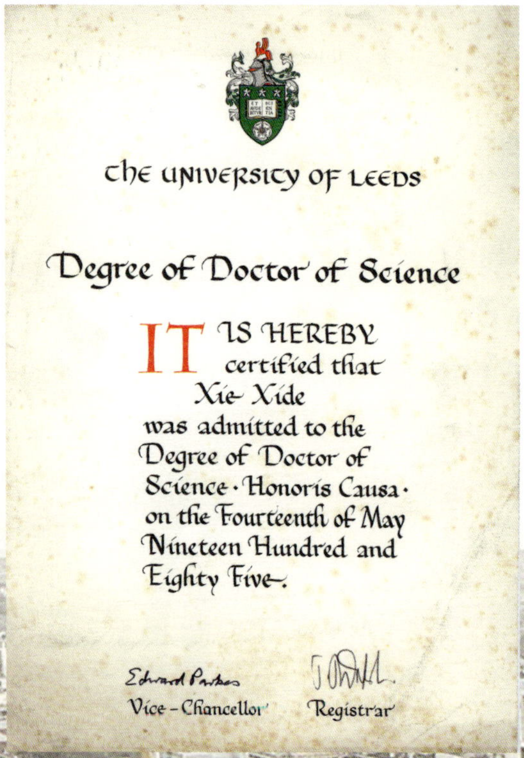

The University of Leeds

Degree of Doctor of Science

IT IS HEREBY certified that Xie Xide was admitted to the Degree of Doctor of Science · Honoris Causa · on the Fourteenth of May Nineteen Hundred and Eighty Five.

Edward Parkes
Vice-Chancellor

Registrar

美国霍里约克山学院

Mt. Holyoke College, USA

荣誉科学博士学位　D Sc (Doctor of Science)

1986 年 6 月

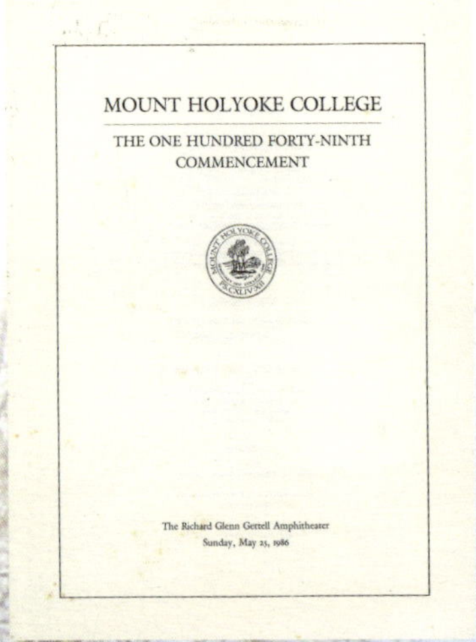

MOUNT HOLYOKE COLLEGE

THE ONE HUNDRED FORTY-NINTH COMMENCEMENT

The Richard Glenn Gettell Amphitheater

Sunday, May 25, 1986

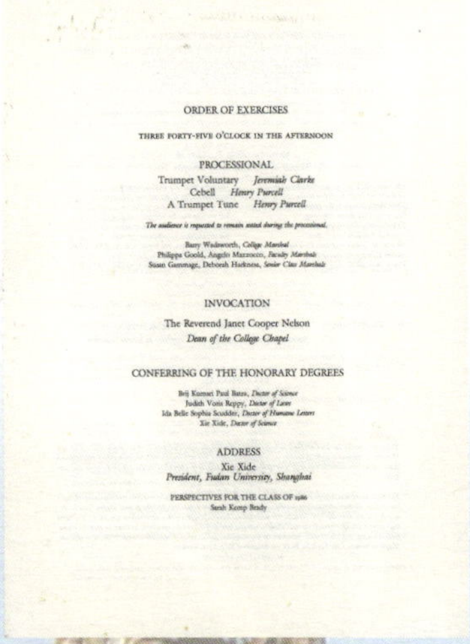

ORDER OF EXERCISES

THREE FORTY-FIVE O'CLOCK IN THE AFTERNOON

PROCESSIONAL

Trumpet Voluntary *Jeremiah Clarke*
Cebell *Henry Purcell*
A Trumpet Tune *Henry Purcell*

The audience is requested to remain seated during the processional.

Barry Wadsworth, *College Marshal*
Philippa Goold, Angelo Mazzocco, *Faculty Marshals*
Susan Gammage, Deborah Harkness, *Senior Class Marshals*

INVOCATION

The Reverend Janet Cooper Nelson
Dean of the College Chapel

CONFERRING OF THE HONORARY DEGREES

Brij Kumari Paul Batra, *Doctor of Science*
Judith Voris Reppy, *Doctor of Laws*
Ida Belle Sophia Scudder, *Doctor of Humane Letters*
Xie Xide, *Doctor of Science*

ADDRESS

Xie Xide
President, Fudan University, Shanghai

PERSPECTIVES FOR THE CLASS OF 1986
Sarah Kemp Brady

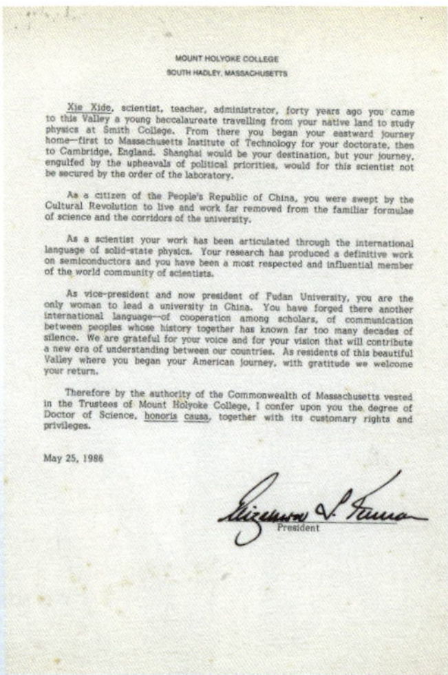

MOUNT HOLYOKE COLLEGE
SOUTH HADLEY, MASSACHUSETTS

Xie Xide, scientist, teacher, administrator, forty years ago you came to this Valley a young baccalaureate travelling from your native land to study physics at Smith College. From there you began your eastward journey home—first to Massachusetts Institute of Technology for your doctorate, then to Cambridge, England. Shanghai would be your destination, but your journey, engulfed by the upheavals of political priorities, would for this scientist not be secured by the order of the laboratory.

As a citizen of the People's Republic of China, you were swept by the Cultural Revolution to live and work far removed from the familiar formulae of science and the corridors of the university.

As a scientist your work has been articulated through the international language of solid-state physics. Your research has produced a definitive work on semiconductors and you have been a most respected and influential member of the world community of scientists.

As vice-president and now president of Fudan University, you are the only woman to lead a university in China. You have forged there another international language—of cooperation among scholars, of communication between peoples whose history together has known far too many decades of silence. We are grateful for your voice and for your vision that will contribute a new era of understanding between our countries. As residents of this beautiful Valley where you began your American journey, with gratitude we welcome your return.

Therefore by the authority of the Commonwealth of Massachusetts vested in the Trustees of Mount Holyoke College, I confer upon you the degree of Doctor of Science, honoris causa, together with its customary rights and privileges.

May 25, 1986

President

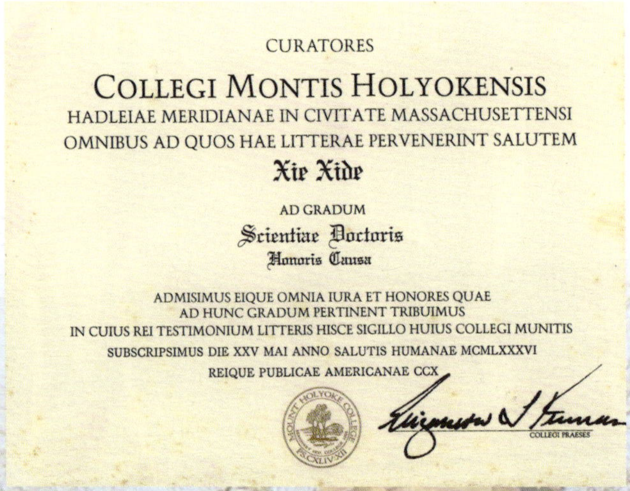

CURATORES

COLLEGI MONTIS HOLYOKENSIS

HADLEIAE MERIDIANAE IN CIVITATE MASSACHUSETTENSI

OMNIBUS AD QUOS HAE LITTERAE PERVENERINT SALUTEM

Xie Xide

AD GRADUM

Scientiae Doctoris

Honoris Causa

ADMISIMUS EIQUE OMNIA IURA ET HONORES QUAE
AD HUNC GRADUM PERTINENT TRIBUIMUS
IN CUIUS REI TESTIMONIUM LITTERIS HISCE SIGILLO HUIUS COLLEGI MUNITIS
SUBSCRIPSIMUS DIE XXV MAI ANNO SALUTIS HUMANAE MCMLXXXVI
REIQUE PUBLICAE AMERICANAE CCX

COLLEGII PRAESES

日本关西大学

荣誉科学博士学位

1986 年 10 月

Beloit College
FOUNDED
1846

美国贝洛特学院 Beloit College, USA

荣誉理学博士学位 Doctor of Science

1987 年 5 月

美国纽约州立大学奥尔巴尼分校

State University of New York – Albany, USA

荣誉理学博士学位 Doctor of Science

1987 年 5 月 17 日

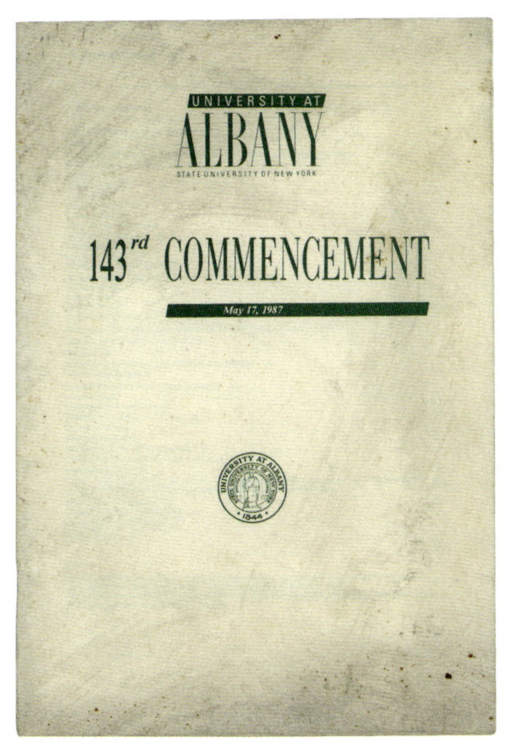

UNIVERSITY AT
ALBANY
STATE UNIVERSITY OF NEW YORK

143rd COMMENCEMENT

May 17, 1987

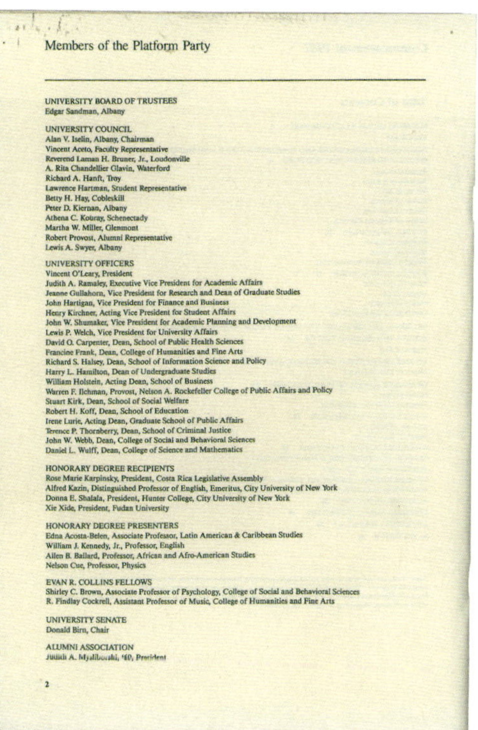

Members of the Platform Party

UNIVERSITY BOARD OF TRUSTEES
Edgar Sandman, Albany

UNIVERSITY COUNCIL
Alan V. Iselin, Albany, Chairman
Vincent Aceto, Faculty Representative
Reverend Laman H. Bruner, Jr., Loudonville
A. Rita Chandellier Glavin, Waterford
Richard A. Hanft, Troy
Lawrence Hartman, Student Representative
Betty H. Hay, Cobleskill
Peter D. Kiernan, Albany
Athena C. Kouray, Schenectady
Martha W. Miller, Glenmont
Robert Provost, Alumni Representative
Lewis A. Swyer, Albany

UNIVERSITY OFFICERS
Vincent O'Leary, President
Judith A. Ramaley, Executive Vice President for Academic Affairs
Jeanne Gullahorn, Vice President for Research and Dean of Graduate Studies
John Hartigan, Vice President for Finance and Business
Henry Kirchner, Acting Vice President for Student Affairs
John W. Shumaker, Vice President for Academic Planning and Development
Lewis P. Welch, Vice President for University Affairs
David O. Carpenter, Dean, School of Public Health Sciences
Francine Frank, Dean, College of Humanities and Fine Arts
Richard S. Halsey, Dean, School of Information Science and Policy
Harry L. Hamilton, Dean of Undergraduate Studies
William Holstein, Acting Dean, School of Business
Warren F. Ilchman, Provost, Nelson A. Rockefeller College of Public Affairs and Policy
Stuart Kirk, Dean, School of Social Welfare
Robert H. Koff, Dean, School of Education
Irene Lurie, Acting Dean, Graduate School of Public Affairs
Terence P. Thornberry, Dean, School of Criminal Justice
John W. Webb, Dean, College of Social and Behavioral Sciences
Daniel L. Wulff, Dean, College of Science and Mathematics

HONORARY DEGREE RECIPIENTS
Rose Marie Karpinsky, President, Costa Rica Legislative Assembly
Alfred Kazin, Distinguished Professor of English, Emeritus, City University of New York
Donna E. Shalala, President, Hunter College, City University of New York
Xie Xide, President, Fudan University

HONORARY DEGREE PRESENTERS
Edna Acosta-Belen, Associate Professor, Latin American & Caribbean Studies
William J. Kennedy, Jr., Professor, English
Allen B. Ballard, Professor, African and Afro-American Studies
Nelson Cue, Professor, Physics

EVAN R. COLLINS FELLOWS
Shirley C. Brown, Associate Professor of Psychology, College of Social and Behavioral Sciences
R. Findlay Cockrell, Assistant Professor of Music, College of Humanities and Fine Arts

UNIVERSITY SENATE
Donald Birn, Chair

ALUMNI ASSOCIATION
Judith A. Mysliborski, '60, President

2

東洋大学

日本东洋大学

工学博士荣誉证书

1987 年 10 月

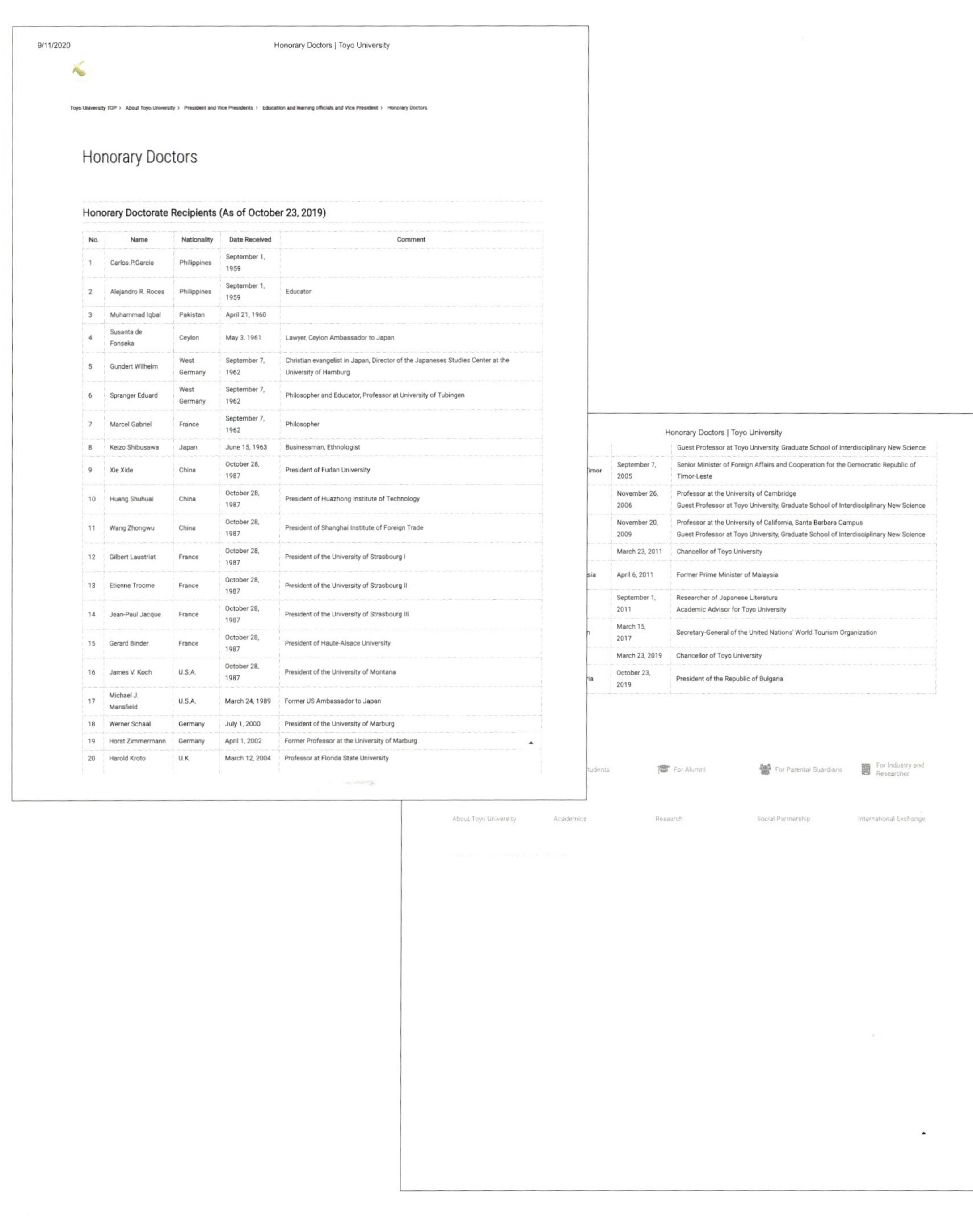

9/11/2020 Honorary Doctors | Toyo University

Toyo University TOP › About Toyo University › President and Vice Presidents › Education and learning officials and Vice President › Honorary Doctors

Honorary Doctors

Honorary Doctorate Recipients (As of October 23, 2019)

No.	Name	Nationality	Date Received	Comment
1	Carlos.P.Garcia	Philippines	September 1, 1959	
2	Alejandro R. Roces	Philippines	September 1, 1959	Educator
3	Muhammad Iqbal	Pakistan	April 21, 1960	
4	Susanta de Fonseka	Ceylon	May 3, 1961	Lawyer, Ceylon Ambassador to Japan
5	Gundert Wilhelm	West Germany	September 7, 1962	Christian evangelist in Japan, Director of the Japaneses Studies Center at the University of Hamburg
6	Spranger Eduard	West Germany	September 7, 1962	Philosopher and Educator, Professor at University of Tubingen
7	Marcel Gabriel	France	September 7, 1962	Philosopher
8	Keizo Shibusawa	Japan	June 15, 1963	Businessman, Ethnologist
9	Xie Xide	China	October 28, 1987	President of Fudan University
10	Huang Shuhuai	China	October 28, 1987	President of Huazhong Institute of Technology
11	Wang Zhongwu	China	October 28, 1987	President of Shanghai Institute of Foreign Trade
12	Gilbert Laustriat	France	October 28, 1987	President of the University of Strasbourg I
13	Etienne Trocme	France	October 28, 1987	President of the University of Strasbourg II
14	Jean-Paul Jacque	France	October 28, 1987	President of the University of Strasbourg III
15	Gerard Binder	France	October 28, 1987	President of Haute-Alsace University
16	James V. Koch	U.S.A.	October 28, 1987	President of the University of Montana
17	Michael J. Mansfield	U.S.A.	March 24, 1989	Former US Ambassador to Japan
18	Werner Schaal	Germany	July 1, 2000	President of the University of Marburg
19	Horst Zimmermann	Germany	April 1, 2002	Former Professor at the University of Marburg
20	Harold Kroto	U.K.	March 12, 2004	Professor at Florida State University

Honorary Doctors | Toyo University

Nationality	Date Received	Comment
		Guest Professor at Toyo University, Graduate School of Interdisciplinary New Science
imor	September 7, 2005	Senior Minister of Foreign Affairs and Cooperation for the Democratic Republic of Timor-Leste
	November 26, 2006	Professor at the University of Cambridge Guest Professor at Toyo University, Graduate School of Interdisciplinary New Science
	November 20, 2009	Professor at the University of California, Santa Barbara Campus Guest Professor at Toyo University, Graduate School of Interdisciplinary New Science
	March 23, 2011	Chancellor of Toyo University
sia	April 6, 2011	Former Prime Minister of Malaysia
	September 1, 2011	Researcher of Japanese Literature Academic Advisor for Toyo University
h	March 15, 2017	Secretary-General of the United Nations' World Tourism Organization
	March 23, 2019	Chancellor of Toyo University
ia	October 23, 2019	President of the Republic of Bulgaria

tudents For Alumni For Parental Guardians For Industry and Researcher

About Toyo University Academics Research Social Partnership International Exchange

加拿大麦克马斯特大学

McMaster University, Canada

荣誉理学博士学位 Doctor of Science

1993 年 6 月

美国萨福克大学

Suffork University, USA

荣誉理学博士学位 Doctor of Science

1994 年 6 月

美国阿巴拉契亚州立大学

Appalachian State University, USA

荣誉理学博士学位 Doctor of Science

1996 年 12 月 15 日

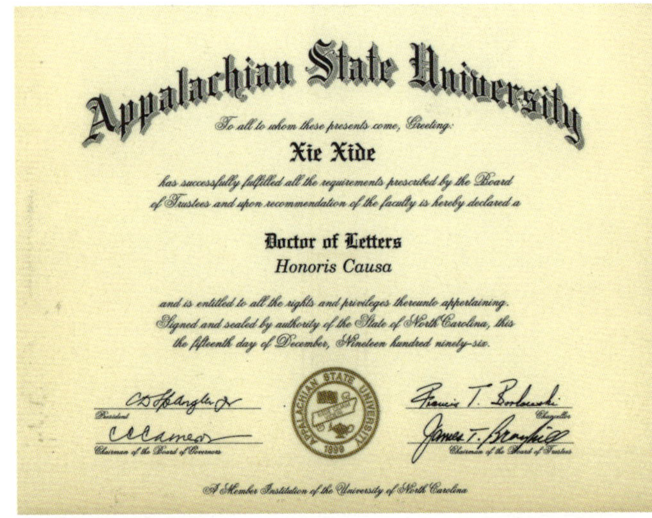

Appalachian State University

To all to whom these presents come, Greeting:

Xie Xide

has successfully fulfilled all the requirements prescribed by the Board of Trustees and upon recommendation of the faculty is hereby declared a

Doctor of Letters

Honoris Causa

and is entitled to all the rights and privileges thereunto appertaining. Signed and sealed by authority of the State of North Carolina, this the fifteenth day of December, Nineteen hundred ninety-six.

President

Chairman of the Board of Governors

Chancellor

Chairman of the Board of Trustees

A Member Institution of the University of North Carolina

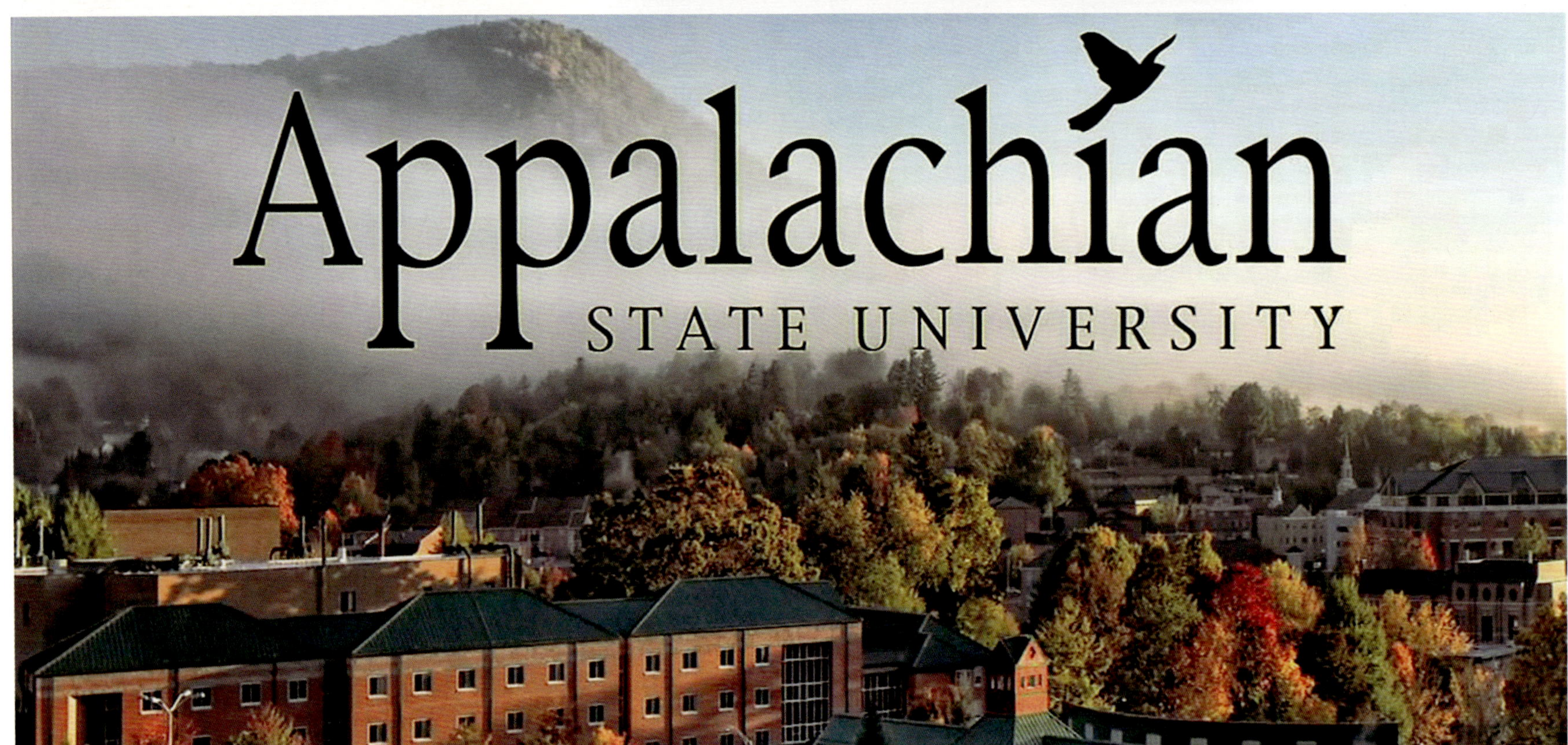

香港科技大学

The Hong Kong University of Science and Technology

荣誉理学博士学位 Doctor of Science

1996 年 11 月 21 日

第四屆學位頒授典禮

謝希德教授之讚詞(摘要)

主席先生：

在慶祝大學成立五周年的同時，值得我們欣喜的是科大在學術和科學界的地位已獲肯定，接著要做的是把校園發展得更面向世界、更面向中國。在這前題下，我們今天要嘉許的人物更顯得適合不過了。

謝希德教授不僅是科學研究領域裡的國際級領袖，更是向以促進中國和其它國家的學術交流和合作而見稱的中國科學家。

謝希德教授早年畢業於廈門大學數理系；其後赴美深造，專攻固態理論，獲史密斯物理系文學碩士學位及麻省理工學院物理學哲學博士學位。

學成返國後，謝教授開始在上海復旦大學物理學系任教。其後擔任中國科學院上海物理研究所兼任副所長，在1978 至 1983 年間出任復旦大學副校長及現代物理研究所所長，於 1983 年升任復旦大學校長。

她從事固體能帶，以及表面和界面電子態的研究，發表超過 60 篇研究論文和四本專著。她現時仍然帶領一個研究小組，與世界各地(包括科大)的科研人員合作，共同致力半導體表面及界面的研究。謝教授與同事們在異質結構和超晶格的幾何結構，及振譜頻譜方面的研究已有不少成果。

她深明推動研究必須放眼國際，並積極參與建立教育課程及研究架構，安排中國內地年輕一代的研究人員到國外訪問和參與國際學術會議。

謝教授是中國科學院院士、第三世界科學院院士，及美國文理科學院外國名譽院士。她曾獲美、加、英、日等國的大學頒發 10 項榮譽博士學位。

主席先生，中國傑出科學家謝希德教授榮膺多個學院院士頭銜，現為復旦大學美國研究中心主任及物理學教授。本人恭請主席閣下頒授榮譽理學博士學位予謝希德教授。 □

對畢業同學和科大的良好祝願(摘要)

謝希德教授在香港科技大學頒授榮譽學位儀式上的講辭

女士們、先生們：

值此 1996 年畢業典禮之際，我很榮幸能獲頒香港科技大學的榮譽博士學位。1989 年初，我曾有機會聽到吳家瑋校長介紹他對科大的計劃和設想，也有機會親臨建設工地。在過去五年中，科大不僅大學生和研究生人數已達預計的規模，在科學研究方面也奠定了引人矚目的基礎。這裡匯聚了知名的學者和教授，在許多學科領域已建立了設備先進的實驗室或研究中心。除了廣泛的國際合作，科大也和中國科學院簽訂了合作協議。可以預計，科大將為推動香港科學技術的發展起重要的作用。

我要向所有畢業同學和他們的家長表達最誠摯的祝賀，也祝賀吳家瑋校長和教授們給予學生們的良好教育。

今天的畢業同學是讓人羨慕的，因為你們即將跨入世紀之交，前面既有機遇又有挑戰。你們很幸運，即將步入有以下幾個特徵的時代：首先，這是一個科學和技術飛速發展的時代；其次是1997 年將在這裡發生的主權平穩過渡；最重要的，是正在進展的亞洲的現代化，這一進程將使世界改觀。香港作為一個重要的金融、貿易、和商業中心，在未來也必將成為信息中心和科技發達的城市。在這個令人振奮的時代裡，你們和你們的母校將會把這個美麗的島嶼建設得更加繁榮。最後，我敬祝全體畢業同學和香港科技大學前途無量！

謝謝大家！ □

4

THE HONG KONG UNIVERSITY OF SCIENCE AND TECHNOLOGY
FOURTH CONGREGATION (SESSION ONE) HELD ON 21 NOVEMBER 1996

Back row from left to right:
Professor Po-Lock YUE, Professor Yuk-Shee CHAN, Mr P A BOLTON, Professor Shain-Dow KUNG, Mr Philip N L CHEN, Mr Wilfred Y W WONG, Professor Joe H MIZE, Professor Leroy CHANG, Professor Ping K KO, Professor Nai-Teng YU

Front row from left to right:
Dr York LIAO, Sir Gordon MACWHINNIE, Dr the Hon Andrew K N LI, Professor XIE Xide, Professor Chia-Wei WOO, Sir S Y CHUNG, Dr Vincent H S LO, Mr LAU Wah-Sum, Mr Martin Y TANG, Mrs Laura M CHA

美国克利夫兰州立大学

Cleveland State University, USA

荣誉人文学博士学位 Doctor of Humane Letters

1998 年 6 月 14 日

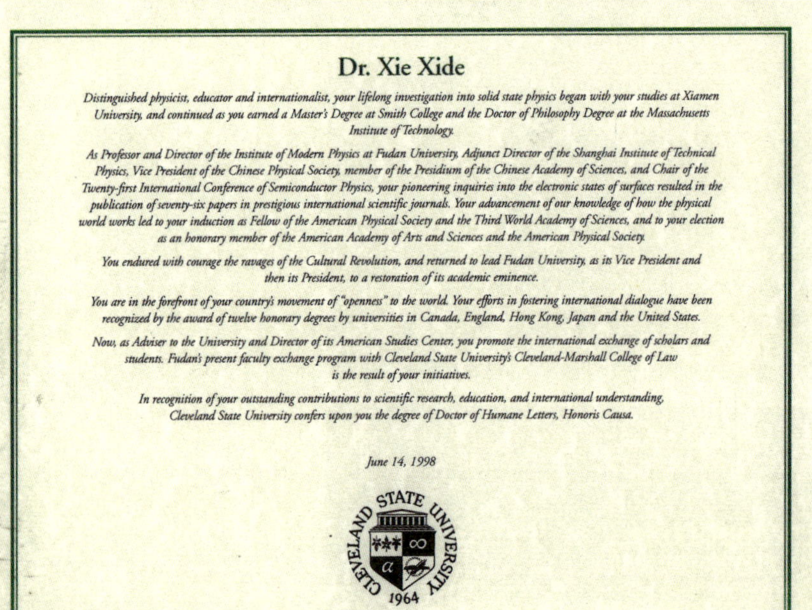

Dr. Xie Xide

Distinguished physicist, educator and internationalist, your lifelong investigation into solid state physics began with your studies at Xiamen University, and continued as you earned a Master's Degree at Smith College and the Doctor of Philosophy Degree at the Massachusetts Institute of Technology.

As Professor and Director of the Institute of Modern Physics at Fudan University, Adjunct Director of the Shanghai Institute of Technical Physics, Vice President of the Chinese Physical Society, member of the Presidium of the Chinese Academy of Sciences, and Chair of the Twenty-first International Conference of Semiconductor Physics, your pioneering inquiries into the electronic states of surfaces resulted in the publication of seventy-six papers in prestigious international scientific journals. Your advancement of our knowledge of how the physical world works led to your induction as Fellow of the American Physical Society and the Third World Academy of Sciences, and to your election as an honorary member of the American Academy of Arts and Sciences and the American Physical Society.

You endured with courage the ravages of the Cultural Revolution, and returned to lead Fudan University, as its Vice President and then its President, to a restoration of its academic eminence.

You are in the forefront of your country's movement of "openness" to the world. Your efforts in fostering international dialogue have been recognized by the award of twelve honorary degrees by universities in Canada, England, Hong Kong, Japan and the United States.

Now, as Adviser to the University and Director of its American Studies Center, you promote the international exchange of scholars and students. Fudan's present faculty exchange program with Cleveland State University's Cleveland-Marshall College of Law is the result of your initiatives.

In recognition of your outstanding contributions to scientific research, education, and international understanding, Cleveland State University confers upon you the degree of Doctor of Humane Letters, Honoris Causa.

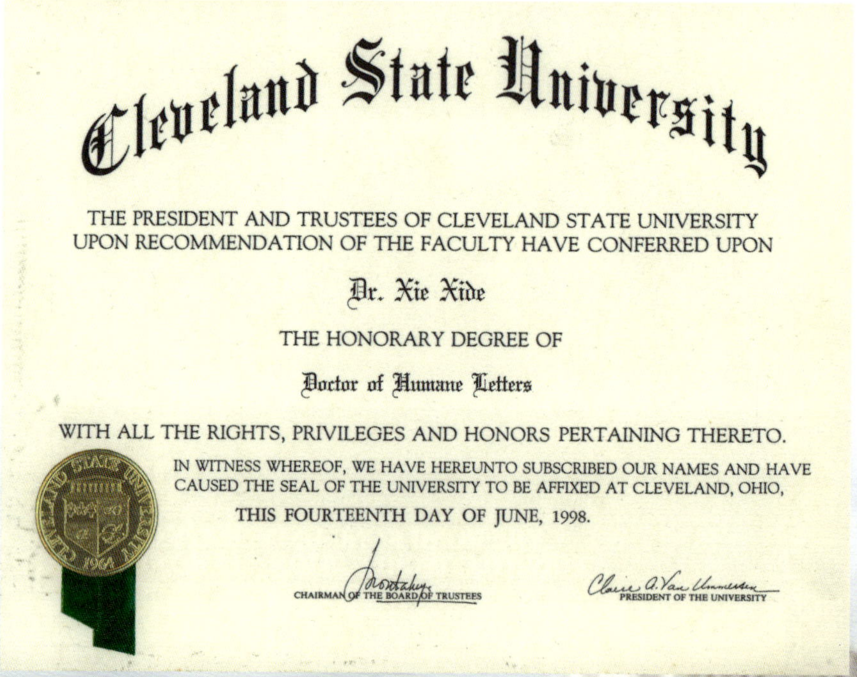

June 14, 1998

THE PRESIDENT AND TRUSTEES OF CLEVELAND STATE UNIVERSITY
UPON RECOMMENDATION OF THE FACULTY HAVE CONFERRED UPON

Dr. Xie Xide

THE HONORARY DEGREE OF

Doctor of Humane Letters

WITH ALL THE RIGHTS, PRIVILEGES AND HONORS PERTAINING THERETO.

IN WITNESS WHEREOF, WE HAVE HEREUNTO SUBSCRIBED OUR NAMES AND HAVE CAUSED THE SEAL OF THE UNIVERSITY TO BE AFFIXED AT CLEVELAND, OHIO, THIS FOURTEENTH DAY OF JUNE, 1998.

CHAIRMAN OF THE BOARD OF TRUSTEES

PRESIDENT OF THE UNIVERSITY

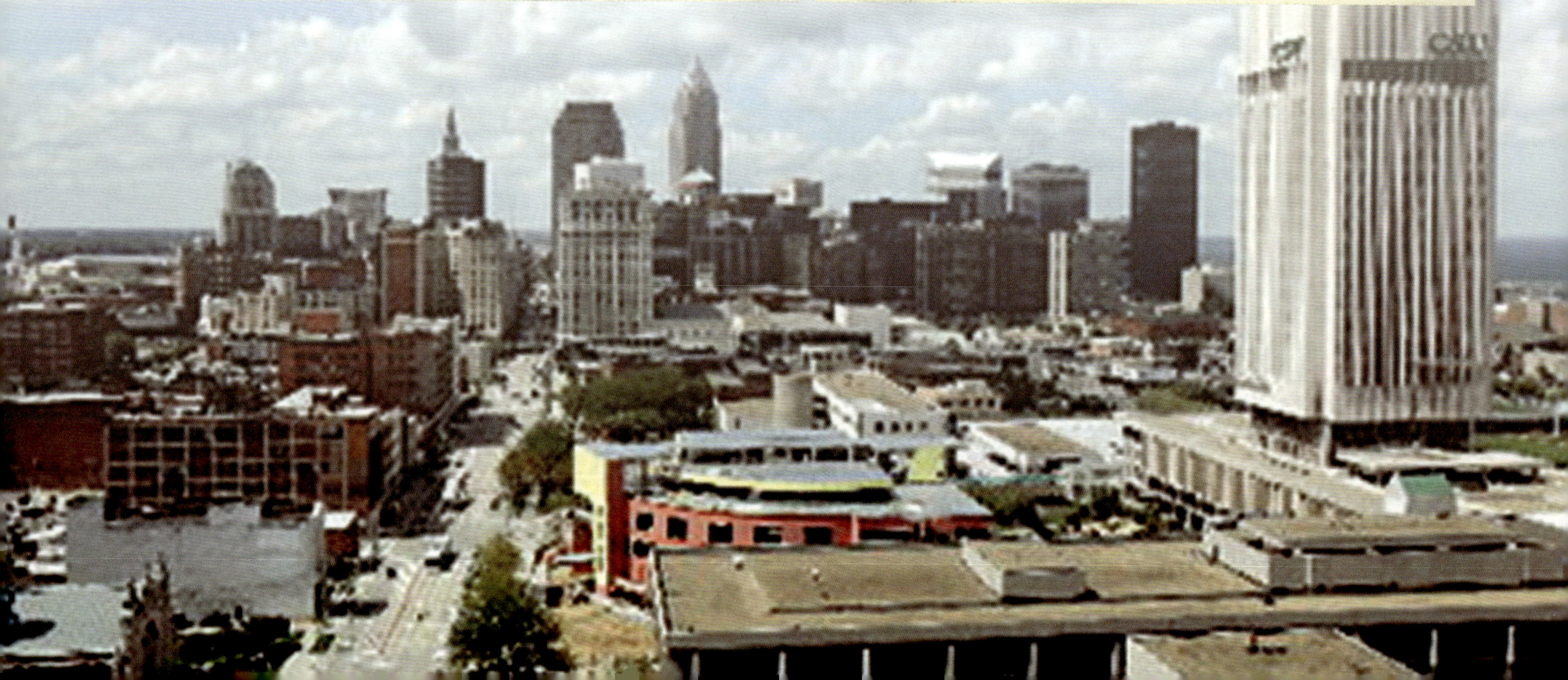

生活与家庭

后 记

谢希德先生去世后，留下大量文稿和照片，除了部分曾在《谢希德传》等出版物中公布外，绝大多数均未曾发表，不为外界所知。2020 年，为了筹备纪念谢希德先生百年诞辰活动，复旦大学校史研究人员与谢希德先生哲嗣曹惟正先生商定，计划利用这些珍贵的文稿和照片编撰谢先生画册，全面展示谢先生不平凡的一生。这个提议得到学校的重视，编撰工作随即启动。

2020 年年底，曹惟正先生在回国探亲并居家工作之余，着手照片、文稿的选编和考订，从数万张图片中精选出近千张，逐一注释，构成画册基本雏形。谢希德先生的三位弟弟为谢先生早期照片和生平提供了许多信息。复旦大学档案馆积极配合，黄岸青馆长、丁士华副馆长领衔组成编撰小组，王晴璐、陈启明两位老师协助曹先生整理，并从复旦大学档案馆馆藏中精选档案材料补充至画册，王晴璐老师还从厦门大学档案馆征集到数份重要资料。刘晓旭老师利用春节假期，为画册撰写全部文稿，张国伟校友润色了文稿。钱益民老师审读、润色了全部文字，在研究生保琰的协助下，将文字和图片配合起来。

整理照片的过程，是一个不断接近谢先生、感知谢先生的过程。画册里的每一张图片，都是谢先生七十九年生命历程的一个印记。这些照片串连在一起，展现了这位优秀教育家、科学家、社会活动家的生命全过程。谢先生之所以取得多方面的成就，她之所以令人怀念，之所以令人感动，我们或许可以从图片的阅读中得到启示。阅读这些图片，促使我们思考人物与时代的关系。谢希德是那个时代知识分子的典型，他们虽历经磨难，仍无怨无悔地报效祖国。他们的智慧和人格，成为一个国家科技强大的脊梁。通过阅读这本画册，让人感受到谢希德先生和她那代知识分子的炽热爱国情怀、孜孜以求的科学精神，那将是我们最大的心愿。

画册编撰过程中，中国科学院上海技术物理研究所、上海市欧美同学会、复旦大学物理系、复旦大学美国研究中心等谢先生工作过的单位给予了鼎力支持，提供了许多宝贵资料。上海解放日报社提供了从美国史密斯学院收集到的珍贵资料。画册出版得到了复旦大学出版社董事长严峰的大力支持，本书责任编辑朱枫对画册编辑提供了宝贵建议，并多方协调，保证画册得以顺利出版。

画册的编写得到了太多人的支持，我们无法将他们的名字及单位一一列出。我们感谢所有为本书编撰付出辛劳的单位和个人。由于时间有限，编者能力有限，图册中的错误在所难免，恳请读者批评和指正。

2021 年 3 月 26 日

图书在版编目(CIP)数据

希贤立德:谢希德画传/焦扬,许宁生主编. —上海:复旦大学出版社,2021.6
ISBN 978-7-309-15601-0

Ⅰ.①希… Ⅱ.①焦… ②许… Ⅲ.①谢希德(1921-2000)-传记-画册 Ⅳ.①K826.11-64

中国版本图书馆 CIP 数据核字(2021)第 064188 号

希贤立德——谢希德画传
XI XIAN LI DE: XIE XI DE HUA ZHUAN
焦 扬 许宁生 主编
出 品 人/严 峰
图书策划/刘 月
责任编辑/朱 枫
封面设计/马晓霞

复旦大学出版社有限公司出版发行
上海市国权路 579 号 邮编:200433
网址:fupnet@fudanpress.com http://www.fudanpress.com
门市零售:86-21-65102580 团体订购:86-21-65104505
出版部电话:86-21-65642845
上海雅昌艺术印刷有限公司

开本 889×1194 1/12 印张 26.5 字数 398 千
2021 年 6 月第 1 版第 1 次印刷

ISBN 978-7-309-15601-0/K·755
定价:560.00 元